Dude's Gotta Rock Climb

Help! Suis Accro À l'Escalade

Muddy Frank

Dude's Gotta Rock Climb
English French Edition
Text and illustrations by Muddy Frank
Cover graphic by Uniqueupe

Copyright @2023 by Muddy Frank
All rights reserved
La Plagne, Savoie, France

Author note: Dude, this book has British spelling.

Help ! Suis Accro À l'Escalade
Édition anglaise française
ISBN : 978-2-492620-67-6
Texte et illustrations par Muddy Frank
Graphique de couverture : Uniqueupe

Copyright @2023 par Muddy Frank
Tous droits réservés pour tous pays

CONTENTS

1. Double Vision
   Double Vision
2. Puppy Love
   Chiot Love
3. Benvenuti
   Benvenuti
4. Little Guys Event
   Événement Petits Gars
5. Orange Eggs
   Les Œufs Orange
6. Big Guys Event
   Événement Grands Gars
7. Limbo
   Limbo
8. Fluffy Tickles
   Ça Chatouille !
9. Homeward Bound
   On Rentre
10. Airborne
    Dans Les Airs

"Everyone falls down.
Getting back up
is how you learn how to walk."

— *Walt Disney*

"Tout le monde tombe.
Se relever…
c'est comme ça
qu'on apprend à marcher."

— *Walt Disney*

Chapter 1
Double Trouble

Mishka's rabbit eyes twinkled. He knew she wouldn't know the answer. 'How do you say, "Good evening," in Italian?'

'Why?' asked Magali.

'Do you know how to say it, or not?'

'Yes.'

Mishka's rabbit nose twitched. 'Really? What is it?'

Magali straightened up and said, 'Good evening!'

Mishka's ears flopped.

Chapitre 1
Double Vision

Les yeux de Mishka scintillaient, car il savait qu'elle ne connaîtrait pas la réponse. Il dit :

— Comment on dit "Bonsoir" en italien ?

— Pourquoi ? demanda Magali.

— Tu le sais, ou pas ?

— Oui.

Le nez du lapin s'agita. Il dit :

— Vraiment ? Alors, comment ?

Magali se redressa et dit :

— Bonsoir !

Les oreilles de Mishka se dressèrent.

'No! In Italian. How do you say it?'

The marmot tried again. 'La la la! Good evening!' She smiled and waved her paw.

'La la la?!' Mishka's whiskers flickered. 'No! It's, "*Buonasera*." You didn't know!'

'Why should I know?'

'Because that's where we're going! Ha ha ha!' The white rabbit hopped around in a circle. He hopped so hard that his pompom tail bounced up and down. It looked like it was going to bounce right off.

Magali's mouth dropped open. 'Italy?! Tonight?! Now?! I can't stay out that long!'

Chamois Luc looked down at Magali. 'It's not as far as you think, Mademoiselle. It's just over those mountains. Get on.'

Chamois Luc looked like a large goat with black stripes running up each side of his face. The thick stripes covered his eyes. He looked like he's wearing a Forest Warrior mask.

The chamois knelt down and Mishka climbed on his back.

— Non ! En italien. Comment tu le dis ?

La marmotte tenta à nouveau. Elle sourit, agita sa patte et dit :

— La la la ! Bonsoir !

— La la la ? Non ! C'est *Buonasera*. Tu ne le savais pas !

— Pourquoi je le saurais ?

— Parce que c'est là qu'on va ! Aha ha ha !

Le lapin sautillait en cercle, si fort que sa queue rebondissait et on aurait dit qu'elle allait tomber.

Magali resta bouche bée.

— L'Italie ? Ce soir ? Maintenant ? Je ne peux pas être absent trop longtemps.

Chamois Luc regarda Magali. Il ressemblait à une grande chèvre, avec des rayures noires épaisses de chaque côté de son visage. Ces rayures couvraient ses yeux. On dirait qu'il portait un masque de Guerrier de la Forêt.

Le chamois dit :

— Ce n'est pas aussi loin que tu le penses, Mademoiselle. C'est juste derrière ces montagnes. Monte.

Il s'agenouilla, et Mishka grimpa sur son dos.

Magali's almond-shaped eyes suddenly became round like plums. 'Italy? Now?!'

'Just get on.' The rabbit dragged his friend onto the chamois's back, seating her in front of him.

Chamois Luc pushed off. He ran through the dark forest, using the light from the moon to guide him. When they reached a deep ditch, he said, 'Hold on!' and he leaped high over the gap, shouting, 'Woo-hoo! *Italia*, here we come!'

Earlier in the day, Mishka had gone to Magali's home. 'You have to sneak out tonight,' he'd whispered as she climbed out of her burrow.

Magali had squinted in the bright sun. 'I don't think I should,' she'd said, rubbing the bald patch on her bottom. The rest of her body looked furry and normal. As normal as possible, because marmots had fat bodies with small, flat-shaped heads, and tiny ears.

Les yeux de Magali devinrent ronds comme des prunes.

— L'Italie ? Là, maintenant ?

— Allez. Monte.

Le lapin traîna son amie sur le dos du chamois, l'asseyant devant lui.

Chamois Luc se lança. Il courut à travers la forêt en utilisant les rayons de la lune pour le guider. Quand ils atteignirent un fossé profond, il dit "Tenez bon" et sauta par-dessus le vide. Il cria :

— Youpi ! *Italia*, on arrive !

Plus tôt dans la journée, Mishka était allé chez Magali.

— Tu dois sortir en douce ce soir, avait-il chuchoté alors qu'elle sortait de son terrier.

Magali avait plissé les yeux sous le soleil éclatant.

— Ce n'est pas une bonne idée, avait-elle dit en frottant la tache chauve sur ses fesses.

Le reste de son corps était normal et couvert de fourrure. Bref, aussi normal que les marmottes pussent l'être, car elles avaient un gros corps, une tête petite et plate, et de minuscules oreilles.

En ajustant ses lunettes, Mishka avait dit :

'You have to sneak out!' Mishka had said, pushing his glasses higher up his nose.

'I don't have to do anything.'

The rabbit shrugged. 'Okay. If you don't want to find out what the surprise is... ' He'd started hopping away.

'What surprise?' Magali had shouted after Mishka, but he'd kept hopping down the slope. 'Mishkaaaaaa!!! Whaaaat surpriiiiise?!!'

All afternoon, Magali thought about what Mishka had said. So, after dinner, when everyone was tucked up in bed, and all the old wax candles had been blown out, she lay in her bed and waited. Then, she heard the noise.

Zzzzzzz zzzzzzzzzzzzzzzzz.

She giggled, picturing her papa's wide open mouth as he slept. Then, she waited some more, for her mother's noise. It wasn't long before it came.

Ahrrrrrr, tszoooooooo. Ahrrrrrrr, tszoooooooo.

— Tu dois sortir en douce !

— Je ne dois rien faire du tout.

Le lapin avait haussé les épaules.

— D'accord. Si tu ne veux pas découvrir la surprise...

Il s'éloigna en sautillant.

Magali avait crié après Mishka :

— Quelle surprise ?

Mais le lapin avait continué à descendre la pente en sautillant.

— Mishkaaaaaa !!! Quelle surprise ???

Tout l'après-midi, Magali avait ruminé ce que Mishka avait dit. Après le dîner, quand tout le monde était couché et que toutes les bougies avaient été éteintes, elle s'allongea dans son lit et attendit. Puis, elle entendit le bruit.

Zzzzzzz zzzzzzzzzzzzzzzzzz.

Elle gloussa en imaginant la bouche grande ouverte de son papa pendant qu'il dormait. Puis, elle attendit encore le bruit de sa mère. Il ne fallait pas attendre longtemps avant qu'il n'arrive.

Ahrrrrrrr, tszoooooooo. Ahrrrrrrr, tszoooooooo.

Magali had giggled again. She crawled out of bed, tucked her secret key under her armpit, then crept along the long, dark corridor to the kitchen.

'Magali,' said a voice in the dark.

The young marmot had jumped. Her heart rate shot up. *Boom-boom, boom-boom, boom-boom.* She looked around in the dark. 'Aunty?'

Magali's aunt stood by the kitchen table, holding a dried apricot. She stared at Magali. 'Magali,' she said again.

Magali had tiptoed closer to her aunt and looked into her half-open, glassy eyes. She'd waved her paw in front of her aunt's face. Her aunt didn't blink.

'Magali,' her aunt said once more, looking straight through Magali.

Magali shuddered. Her aunt gave her the creeps when she sleepwalked. She crept past her, stepped up the little dirt stairs and unlocked the front door. She snuck out into the fresh night air, closing the door quietly behind her.

En gloussant, la marmotte sortit du lit, glissa sa clé secrète sous son aisselle et se faufila le long du couloir sombre jusqu'à la cuisine.

— Magali, dit une voix dans l'obscurité.

La marmotte sauta, et son rythme cardiaque s'accéléra. *Boum-boum, boum-boum, boum-boum.* Elle regarda autour, dans le noir.

— Tata ?

Tante Princesse se tenait près de la table de la cuisine, tenant un abricot sec. Elle fixait Magali.

— Magali, répéta la tante.

Magali s'approcha sur la pointe des pieds et regarda sa tante dans les yeux vitreux et à moitié ouverts. Elle agita sa patte devant son visage.

La tante n'avait pas cligné des yeux.

— Magali, avait dit la tante une fois de plus en regardant Magali en face.

La jeune marmotte avait frissonné. Sa tante lui donnait la chair de poule quand elle était somnambule. Elle passa derrière sa tante, monta le petit escalier en terre battue et déverrouilla la porte d'entrée. Elle se faufila dans l'air frais de la nuit et referma la porte doucement.

À l'intérieur du terrier, au moment où la porte se

Inside the burrow, as the door clicked shut, Magali's aunt had jolted, and her eyes flew wide open. She looked around the darkness of the kitchen. Then she'd looked down to the half-eaten apricot in her paw. She frowned. 'Hmmmmmmm.' She tilted her head. She frowned some more, and without knowing why, she'd turned to look at the front door.

In the forest, Chamois Luc's hooves pounded the dirt floor. He ran over tree roots, moss patches, and damp leaves. A grey mouse scurried out from under the leaves, yelling, 'Watch it! You nearly stomped on me!'

'Sorry!' The chamois kept running through the forest, with Magali and Mishka on his back. The light of the full moon shone down through tall pine trees. Soon, the trio came across a family of boar. The boar were turning over dead tree logs, looking for after-dinner insect snacks.

'Evening!' the boar called.

'Evening!' the trio replied as they raced past.

Further down, near the icy stream, two deer saw them racing towards them. 'Hello!'

refermait, Tante Princesse avait sursauté et ses yeux s'étaient ouverts en grand. Elle regardait dans l'obscurité de la cuisine. Puis, elle baissa les yeux vers l'abricot à moitié mangé, dans sa patte. Elle fronça les sourcils.

— Hummmmmmm.

Sans savoir pourquoi, la tante se retourna pour regarder la porte d'entrée.

Dans la forêt, la lumière de la lune perçait à travers les pins. Chamois Luc, avec Magali et Mishka sur son dos, courut par-dessus des racines d'arbres, des plaques de mousse, et des feuilles humides. Une souris grise se précipita hors de sous les feuilles en criant "Attention ! Tu as failli me piétiner !"

— Excuse-moi !

Le chamois continuait à courir. Bientôt, le trio rencontra une famille de sangliers à la recherche d'insectes à grignoter après le dîner.

— Bonsoir ! salua un sanglier.

— Bonsoir ! répondit le trio en passant à toute vitesse.

Plus bas, près du ruisseau glacé, deux cerfs les aperçurent.

— Salut !

'Good evening!' Mishka and Chamois Luc replied.

Magali waved, as she bounced up and down on Chamois Luc's back. *'Bueni Seeyeera!'*

Mishka leaned forward and said in Magali's ear, 'We're still in France, okay? Anyway, it's, "*Buonasera.*"

Four red foxes suddenly sprang out of the bushes.

Chamois Luc dug his hooves into the dirt, and braked. Magali and Mishka jolted forward, but managed to stay on his back.

The foxes crept towards them. Magali felt Chamois Luc's body tighten. As she looked down at the circling foxes, she remembered her papa's words, "Foxes will chase you, catch you, and make marmot stew out of you. They like young marmots. Your meat is soft and juicy."

The foxes' eyes shone bright yellow in the night. They moved in closer and said, 'Are you going to the Rock-Climbing Competition?'

Mishka et Chamois Luc leur répondirent :

— Salut !

Magali fit un signe de la patte en rebondissant sur le dos de Chamois Luc et dit :

— *Bueni Seeyeera !*

Mishka se pencha et dit dans l'oreille de Magali :

— On est toujours en France, d'accord ? En tout cas, c'est *Buonasera.*

Quatre renards roux surgirent soudainement des buissons.

Chamois Luc enfonça ses sabots dans la terre, et freina. Magali et Mishka firent un bond en avant, mais réussirent à rester sur son dos.

Les renards rampèrent en direction d'eux.

Magali sentit le corps de Chamois Luc se contracter. En regardant les renards qui tournaient autour d'eux, elle se souvint des mots de son père. "Les renards te chasseront, t'attraperont et feront de toi un ragoût de marmotte. Ils aiment les jeunes marmottes. Ta viande est tendre et savoureuse."

Les yeux des renards brillaient d'un jaune vif dans la nuit. Ils se rapprochèrent davantage et dirent :

— Vous allez à la compétition d'escalade ?

Chamois Luc's body relaxed, and he nodded.

The foxes grinned. Pointy fangs popped out. 'So are we, Man! See you there!' They turned, then zipped away through the tall forest trees.

Magali's shoulders dropped as she breathed out a long sigh. 'Pheeeeeeeeeeew!' Then, she scratched her head. 'Did they say rock climbing?' She turned around to Mishka behind her.

The rabbit was wiping beads of sweat from his forehead. 'Hmmmm? Rock climbing? Yeah!'

Chamois Luc took off again. 'You'll see! It's going to be fantastic!'

Magali held on as the chamois ran faster and faster. He ran over loose branches, twigs, dead leaves, old flowers, tree nuts, and damp dirt. They travelled through one forest and into another, and up and down valleys. Magali looked around.

Le corps de Chamois Luc se détendit. Il hocha la tête.

Les renards sourirent. Des crocs pointus apparurent.

— Nous aussi, mec ! On se voit là-bas !

Ils se retournèrent et repartirent à travers les grands arbres.

Les épaules de Magali s'affaissèrent et elle poussa un long soupir.

— Oufffff !

Puis, elle se gratta la tête.

— Ils ont dit escalade ?

Elle se retourna vers Mishka, derrière elle.

Le lapin essuyait des perles de sueur sur son front.

— Quoi ? L'escalade ? Ouais !

Chamois Luc reprit le chemin en disant :

— Tu vas voir ! Ça va être fantastique !

Magali s'accrocha alors que le chamois courait de plus en plus vite. Il courait par-dessus des branches détachées, des brindilles, des feuilles mortes, des vieilles fleurs, des noix et de la terre humide. Ils traversaient une forêt et entraient dans une autre ou ils montaient et descendaient des vallées. Magali

She had never been this far from home before.

Finally, Chamois Luc ran out of the last forest and into a wide, open space with an enormous dark grey cliff straight ahead. 'Hold on really tight.'

Magali looked at the huge cliff. 'What?! Wait!!'

Chamois Luc didn't wait. He ran straight towards the cliff. When he got close, he sprung off the ground, landed on the rock, and his hooves stuck to the side like magnets. He started bounding upwards.

Magali and Mishka clung onto his fur, trying not to fall backward. 'Wooooooooaaaaaah!'

Chamois Luc kept bounding up. He climbed so high. Magali didn't dare look down.

Mishka did look down, and when he saw the long drop below, he did a little pee. 'Oh, no!'

Mishka wasn't French like Magali. He was Dutch. His family moved to France after his Grandpa Klaas died. Riding up the enormous cliff, he prayed in his Dutch accent.

n'avait jamais été aussi loin de chez elle auparavant.

Finalement, Chamois Luc sortit de la dernière forêt et entra dans un large espace ouvert avec une énorme falaise gris foncé droit devant. Il dit :

— Accrochez-vous bien.

Magali fixa l'énorme falaise et dit :

— Quoi ? Mais, attends !

Le chamois n'attendit pas. Il courut droit vers la falaise. Quand il l'atteignit, il s'élança et atterrit sur la roche. Ses sabots restèrent collés sur le côté comme des aimants. Il commença à bondir vers le haut.

La marmotte et le lapin s'accrochèrent à sa fourrure, essayant de ne pas tomber en arrière.

— Waaaoooouuuuh !

Chamois Luc continuait. Il grimpait très haut. Magali n'osait pas regarder en bas.

Mishka si. Il regarda, et quand il aperçut la longue chute en dessous, il fit un petit pipi. Il dit :

— Oh, non !

Mishka n'était pas français comme Magali. Il était hollandais. Sa famille avait déménagé en France après la mort de son Grand-père Klaas.

En montant, il priait avec son accent hollandais.

'Grandpa Klaas, please don't let us fall.'

Chamois Luc's strong hooves never slipped. They stuck against the rock, and the trio continued their climb higher up. Magali thought she would soon be able to reach out and catch a star. Nearing the top, they passed a rocky ledge with a large higgledy-piggledy nest made of different-sized twigs. Three baby eagles sat inside the nest. They were naked. Almost. They only had a few soft feathers.

When the babies saw the chamois, marmot, and rabbit, they flapped their wings and opened their beaks really wide.

'Sorry. No food!' Chamois Luc said. He looked up to the sky, searching for the mama. His hooves clicked against the rock as he continued his climb. At the very top, he took a gigantic leap onto the top of the cliff. *Whooooooooosh!*

'Wooooaaaaaaaaaaaaaaaaaaaah!' Magali and Mishka jolted forward.

Back on horizontal ground, the two friends sat up straight up on the chamois's back.

Mishka blinked through his glasses as he looked around.

— Grand-père Klaas, ne nous laisse pas tomber.

Les sabots solides de Chamois Luc ne glissaient pas une seule fois. Ils restaient collés contre la roche, et le trio continuait leur ascension. Magali croyait qu'elle pourrait bientôt tendre le bras et attraper une étoile.

En approchant du sommet, ils passèrent devant une corniche où se trouvait un grand nid fait de brindilles de différentes tailles. Trois bébés aigles étaient assis dans le nid. Ils étaient nus. Presque. Ils n'avaient que quelques plumes souples.

Quand les bébés virent le chamois, la marmotte et le lapin, ils battirent des ailes et ouvrirent grand leurs becs.

— Désolé. Pas de nourriture ! dit Chamois Luc.

Il regarda vers le ciel en cherchant leur maman. Ses sabots claquaient contre la roche tandis qu'il continuait son escalade. Tout en haut, il fit un saut gigantesque pour arriver sur le sommet. *Whooooooosh !*

La marmotte et le lapin firent un bond en avant.

— Waaaaaaaaaoouuuuuh !

De retour sur le sol horizontal, les deux amis se redressèrent sur le dos du chamois.

Mishka cligna des yeux à travers ses lunettes en regardant autour de lui.

'Wowzer! We're on top of the world!'

The full moon shone over the entire mountain range. Snow covered the mountains in the distance, dripping over the peaks like vanilla ice cream.

Magali inhaled the pure air. 'Oooooh! It's so beautiful up here!'

'I've never been so high!' whispered Mishka, gazing at the forests way, way, way below.

Keeping a careful eye on the sky for the mama eagle, Chamois Luc ran along the top of the rock towards another forest in the distance. Once inside, he lifted his head and barked loudly three times.

A strange sound came back through the trees. *Bleeeeeeeeut!*

Chamois Luc's tail wagged. He trotted through the thick pine trees till they reached a clearing where another chamois stood.

The second chamois had two fine ears, just like Chamois Luc. Between his ears, he had two horns, sticking straight up, hooking at the ends, just like Chamois Luc. He also had two black stripes running up his face, exactly like Chamois Luc.

— Waouh ! On est sur le toit du monde !

La pleine lune brillait par-dessus la chaîne de montagnes. La neige recouvrait les montagnes au loin, dégoulinant sur les sommets comme de la glace à la vanille.

Magali inhala l'air pur.

— Oooooh ! C'est si beau ici !

— Je n'ai jamais été aussi haut ! chuchota Mishka en regardant les forêts très loin, loin, loin en bas.

En gardant un œil attentif vers le ciel pour la maman aigle, Chamois Luc courait le long du rocher en direction d'une autre forêt. Une fois à l'intérieur, il leva la tête, et poussa un cri fort trois fois.

Un son étrange revint à travers les arbres.

— *Bleeeeeeeut !*

La queue du chamois remua. Il trotta à travers les pins épais jusqu'à ce qu'ils atteignissent une clairière où se trouvait un autre chamois.

Le deuxième chamois avait deux oreilles fines, tout comme Chamois Luc. Entre ses oreilles, il avait deux cornes, dressées et crochetées aux extrémités, tout comme Chamois Luc. Il avait aussi deux bandes noires qui couraient le long de son visage, exactement comme Chamois Luc.

Magali stared at the second chamois. 'Warrior Of The Forest Number Two! He looks like you, Chamois Luc!'

Mishka nodded. '*Exactly* like you!'

The chamois trotted towards each other to give each other a kiss on both cheeks, cause that's how dudes say hello in France. *Mmmwua. Mmmwua.*

Chamois Luc stood proud. 'Mademoiselle and Mishka, I'd like you to meet my brother, Loic.'

'I didn't know you had a brother!' Magali said. She and Mishka leaned across so they could give Chamois Loic two kisses, one on each black stripe.

Chamois Loic said, 'Who's coming with me?'

The marmot and rabbit gasped. 'He *sounds* like you!'

Chamois Luc laughed.

La marmotte fixa le deuxième chamois.

— Guerrier de la Forêt Numéro Deux ! Il te ressemble, Chamois Luc !

Mishka hocha la tête en signe d'accord.

— Il est exactement comme toi !

Les chamois trottèrent l'un vers l'autre pour se donner des bises sur les deux joues parce que c'est comme ça que les mecs se disent bonjour en France. *Smack. Smack.*

Chamois Luc se tenait fier.

— Mademoiselle et Mishka, je vous présente mon frère, Loïc.

— Je ne savais pas que tu avais un frère !

Magali et Mishka se penchèrent pour donner deux bises à Chamois Loic, un sur chaque bande noire.

Chamois Loic dit :

— Qui vient avec moi ?

La marmotte et le lapin dirent en haletant :

— Ah ! Il *parle* comme toi !

Chamois Luc rit.

Chamois Loic dit à nouveau :

Chamois Loic said again, 'Who's coming with me?'

Chamois Luc explained. 'Loic is coming. We always do the Rock-Climbing Competition together.'

Then, the two chamois said, at the same time, 'We always win.'

Magali's little ears shot up. Mishka's long ears sprang up. Hearing the two voices at exactly the same time, in exactly the same tone, made them laugh. 'Ha ha ha! You're in stereo!'

The chamois brothers said, 'What do you mean?'

'Ha ha ha!' laughed Mishka. He jigged up and down on Chamois Luc's back. 'You're in stereo! Chamois Loic, you sound exactly like Chamois Luc!'

Chamois Loic shook his head. 'No, my friend. He sounds exactly like me!'

Chamois Luc's tail wagged.

— Qui vient avec moi ?

Chamois Luc expliqua :

— Loic vient avec nous. On fait toujours la compétition d'escalade ensemble.

Puis, les deux chamois dirent en même temps :

— On gagne toujours.

Les petites oreilles de Magali se dressèrent. Les longues oreilles de Mishka se dressèrent. Entendre les deux voix exactement en même temps, avec le même ton, les fit rire.

— Aha ha ha ! Vous êtes en stéréo !

Les frères chamois dirent :

— Qu'est-ce que tu veux dire ?

— Aha ha ha ! rigola Mishka.

Il se balançait sur le dos de Chamois Luc et dit :

— Vous êtes en stéréo ! Chamois Loic, tu as exactement la même voix que Chamois Luc !

Chamois Loic secoua la tête.

— Non, mon cher compatriote. Lui, il a exactement la même voix que moi !

La queue de Chamois Luc s'agita.

'You're mistaken, Brother. *You* sound like *me*.'

Magali looked from one chamois to the other. 'Ha ha ha! Two of the same!'

Smiling, Chamois Luc looked up to the tall trees, searching for the moonlight. 'We better get going if we're going to make it in time.'

Mishka said, 'I'll go with Chamois Loic.' He jumped over onto the chamois's back.

Magali wiggled on Chamois Luc's back, and said, 'Italy?'

'First stop, La Rosiere,' said Chamois Luc. 'Then, we cross over the border into Italy.'

The marmot felt Chamois Luc's muscles flexing, getting ready to spring into action. 'What's in La Rosiere?' she asked.

'What's in La Rosiere?' repeated Chamois Luc.

'Yes.'

— Tu te trompes, frérot. Tu as la même voix que moi.

Magali regarda d'un chamois vers l'autre.

— Aha ha ! Les deux mêmes !

Souriant, Chamois Luc leva les yeux vers les grands arbres, à la recherche du clair de lune.

— Nous ferions mieux de nous dépêcher si nous voulons être à l'heure.

— J'y vais avec Chamois Loic, dit Mishka.

Le petit lapin sauta sur le dos du chamois.

Magali se tortilla sur le dos de Chamois Luc et dit :

— L'Italie ?

— D'abord, La Rosière, dit Chamois Luc. Et puis, nous passerons la frontière italienne.

La marmotte sentit les muscles de Chamois Luc se contracter, se préparant à entrer en action. Elle demanda :

— Qu'est-ce qu'il y a à La Rosière ?

— Qu'est-ce qu'il y a à La Rosière ? répéta Chamois Luc.

— Oui.

'You don't know?'

'Know what?'

Chamois Luc's hooves dug into the dirt as he leaped. 'Ha ha! You're about to find out! Hold on!'

— Tu ne sais pas ?

— Sais quoi ?

Les sabots de Chamois Luc s'enfoncèrent dans la terre en sautant.

— Aaaaah ! Tu vas bientôt le savoir ! Accroche-toi !

Chapter 2
Puppy Love

'*Bueni Seeyeera!*' Magali practised her greeting as Chamois Luc zigzagged up the mountain to the top.

Bumping up and down on Chamois Loic's back, Mishka yelled, '*Buonasera!* You're saying it wrong!'

'*Bueni Seeyeera!*'

'*BUONASERA!*' Mishka yelled. His body suddenly jerked forward, and he gripped tightly. 'Woooooaaaah!'

Reaching the top, Chamois Loic leaped out of the forest, and up and onto a flat, grassy space.

Chamois Luc lunged up next.

Chapitre 2
Chiot Love

Pendant que Chamois Luc zigzaguait vers le sommet de la montagne, Magali pratiqua son italien.

— *Bueni Seeyeera !*

Mishka, sur le dos de Chamois Loïc, cria :

— *Buonasera !* Tu ne le dis pas comme il faut !

— *Bueni Seeyeera !*

— *BUONASERA !* hurla Mishka.

Chamois Loïc bondit hors de la forêt et arriva dans un espace plat et herbeux au sommet.

Chamois Luc sauta pour arriver en suite.

Un lièvre maigre sautilla à travers la clairière en

A skinny hare hopped across the clearing towards them, waving his arms about. 'Dudes, where have you been? We've been waiting and waiting and waiting.'

Magali burst into a bright smile when she saw her friend. She squealed with delight. 'Eeeeeeeeeeeeee!'

The hare didn't even look at Magali. He stopped short when he saw the two chamois. 'Woaaaaah!' He looked from Chamois Luc to Chamois Loic. His mouth dropped open, and he shouted, 'FREAK ME OUT! BRUSSEL SPROUT!'

F-F-Foxy, Little Foxy, and Puppy Bébé came running behind the hare.

Magali's eyes sparkled when she saw them, but they stared at the chamois brothers, too. They looked from one to the other.

Henri Le Hare hopped around Chamois Luc and Magali, looking up and down. Then he circled Chamois Loic and Mishka.

F-F-Foxy scratched his head and studied the black stripes on the chamois's faces.

Little Foxy sniffed both chamois's legs.

Puppy Bébé's tail wagged as he looked from left to right, then from right to left.

agitant les bras.

— Les Losers, où étiez-vous ? Ça fait des heures qu'on attend.

Quand elle vit son ami, Magali fit un grand sourire.

— Yéééééééh !

Le lièvre ne regarda même pas Magali, car il s'arrêta net quand il vit les deux chamois.

— Waouuuh !

Il regarda Chamois Luc et Chamois Loic, de l'un à l'autre. Bouche bée, il cria :

— SANS BLAGUE ! JE NE LE CROIS PAS !

F-F-Foxy, Little Foxy, et Puppy Bébé arrivèrent en courant derrière le lièvre. Les yeux de Magali pétillaient en les voyant, mais ils fixaient les frères chamois. Ils les regardaient de l'un à l'autre.

Henri Le Lièvre fit des bonds autour de Chamois Luc et Magali, regardant de haut en bas. Puis, il tourna autour de Chamois Loic et Mishka.

F-F-Foxy se gratta la tête et examina les rayures noires sur les visages des chamois.

Little Foxy renifla les jambes des deux chamois.

Puppy Bébé remua la queue en regardant de gauche à droite, puis de droite à gauche.

Ruff! Ruff!

Henri Le Hare said, 'Chamois Luc?'

Both chamois said, 'Yes?'

'Woh! Woh! No!' The hare backed up. He threw his skinny arms in the air. 'Dude, this isn't funny! Which one of you is Chamois Luc?'

Both chamois stepped forward. 'Me!'

Henri Le Hare moonwalked backward. 'Wait a minute, wait a minute, wait a minute!' Then he moonwalked forward. He sang, *'Just wait a minute, minute, minute! Cause I've got a bad case of double vision, vision, vision!'*

F-F-Foxy looked at the chamois brothers and laughed. 'Ha ha ha!'

— *Whouaf ! Whoaf !*

Henri Le Lièvre dit :

— Chamois Luc ?

Les deux chamois répondirent :

— Oui ?

Le lièvre recula et dit :

— Mais, naan !

Il agita ses bras maigres en l'air.

— Chaton, ce n'est pas drôle ! Lequel d'entre vous est Chamois Luc ?

Les deux chamois s'avancèrent.

— Moi !

Henri Le Lièvre fit le moonwalk en arrière.

— Attends une minute, attends une minute, attends une minute !

Puis, il fit un moonwalk en avant en chantant :

— *Attends juste une minute, une minute, une minute ! Parce que j'ai un cas de double vision, vision, vision !*

F-F-Foxy regarda les frères chamois et rit.

— Aha ha ha !

Little Foxy chased his tail round and round. 'Ha ha ha!'

Puppy Bébé's big dopey eyes blinked under the moonlight. 'Twins?' he bubbled.

Puppy Bébé had a bubble voice. Everything he said sounded like he was speaking through bubbles. "Twins?" sounded like, 'Blwinbs?"

Henri Le Hare stared at Chamois Luc, then he stared at Chamois Loic. 'Dude, who is who?!'

Magali put her paws to her mouth, giggling. Mishka's nose twitched back and forth.

The hare pointed at them. 'You two know! You know! Who is who?!'

The chamois brothers shook their heads. Magali and Mishka didn't dare open their mouths.

Henri Le Hare waved his arms. 'Dudes, this is going to drive me ker-ker-ker-razy! But, alright. Okay. Whatever. I got it. No problem. If you don't want to tell us, fine! I'll find out!'

Little Foxy tourna en rond, chassant sa queue.

— Aha ha ha !

Puppy Bébé cligna des yeux sous le clair de lune. Il bouillonna :

— Des jumeaux ?

Puppy Bébé avait une voix de bulle. Tout ce qu'il disait donnait l'impression qu'il parlait à travers des bulles. "Des jumeaux ?" ressemblait à "Bles blubmeaux ?"

Le lièvre fixa Chamois Luc, puis Chamois Loic.

— Les Losers, qui est qui ?

Magali porta ses pattes sur la bouche en gloussant.

Le nez de Mishka tressaillit.

Le lièvre les pointa du doigt.

— Vous deux, vous savez ! Vous le savez ! Qui est qui ?

Les frères chamois secouèrent la tête.

Magali et Mishka n'osaient pas ouvrir la bouche.

Henri Le Lièvre agita les bras.

— Ça va me rendre fou-fou-fou ! Mais, d'accord. C'est bon. Peu importe. Je m'en occupe. Pas de

'I'll f-f-find out f-f-first!' said F-F-Foxy, sticking his chest out.

The hare looked at his fox friend. 'I don't think so. I will find out first.'

'No. I will.' The fox stared at the hare.

'No. I will.' The hare stared back.

'No. Me.'

'No. Me.'

'Maybe me,' said Little Foxy, stepping forward. His fox nose glistened under the moonlight.

'Or maybe me,' bubbled Puppy Bébé. 'I'll figure it out.' He turned his head to one side to study the chamois. He was wearing a red snowboarding helmet, with a sticker on it, saying *I didn't do it*.

problème. Si vous ne voulez pas nous le dire, très bien ! En tout cas, je vais le découvrir !

— Je vais le découvrir le premier ! dit F-F-Foxy en bombant le torse.

Le lièvre regarda son ami le renard.

— Je ne crois pas. C'est moi qui vais le découvrir en premier.

Le renard fixa le lièvre.

— Non. C'est moi.

Le lièvre le fixa à son tour.

— Non. Moi.

— Non. Moi.

— Non. Moi.

— Peut-être moi, dit Little Foxy en s'approchant.

Son nez de renard brillait sous le clair de lune.

— Ou peut-être moi. Je vais le deviner, bouillonna Puppy Bébé.

Il tourna la tête sur le côté pour étudier les chamois.

Puppy Bébé portait un casque de snowboard rouge, avec un autocollant dessus disant *Je ne l'ai pas fait*.

Ils portaient tous leurs casques de snowboard et ils

All of them were wearing their snowboarding helmets and they all had holes in their helmets for their ears to poke out of. Except for Magali's helmet because her ears are so small. The two chamois were the only ones not wearing helmets.

'Ears *and* horns,' Chamois Luc had said. 'I'm not doing it.'

The chamois brothers teased the group of friends. They said, in unison, 'You'll never find out!'

Henri Le Hare shrugged. 'In that case... Losers, Italy is that way!' He pointed over the mountain. 'Let's do this! Let's win this rock-climbing competition!'

F-F-Foxy lifted his head up to the moon and let out a howl.

Aaaaaaaaaaaaaauuuuuuuuuuuuuuoooooooooooo!

Little Foxy howled too.

Aaaaaaaaaaaaaauuuuuuuuuuuuuuoooooooooooo!

Puppy Bébé wagged his fluffy white tail and let out a really big Saint Bernard howl.

avaient tous des trous dans leurs casques pour faire sortir leurs oreilles. Sauf le casque de Magali, car ses oreilles étaient très petites.

Les deux chamois étaient les seuls à ne pas porter de casque.

— Des oreilles et des cornes. Je ne le fais pas, avait dit Chamois Luc.

Les frères chamois taquinaient leurs amis. Ils dirent à l'unisson :

— Vous ne le saurez jamais !

Henri Le Lièvre haussa les épaules et dit :

— Dans ce cas... les chatons, l'Italie, c'est par là !

Il montra du doigt la montagne.

— Allons-y ! On va gagner cette compétition d'escalade !

F-F-Foxy leva la tête vers la lune et poussa un hurlement.

— *Aaaaaaaaaaaaaauuuuuuuuuuuuuooooooooooo !*

Little Foxy hurla aussi.

— *Aaaaaaaaaaaaaauuuuuuuuuuuuuooooooooooo !*

Puppy Bébé remua sa queue blanche et pelucheuse et lâcha un très grand hurlement de Saint-Bernard.

Aaaaaaaaaaaaaaauuuuuuuuuuuuoooooooooooo!

A second later, three little howls came from behind them.

Aaaaaaaauuuuuuuuoooooo!

Aaaaaaaauuuuuuuuoooooo!

Aaaaaaaauuuuuuuuoooooo!

The group whipped their heads round to look.

Three Saint Bernard puppies lolloped towards them. They ran straight to Puppy Bébé, who was double their size. They jumped on him and rolled around. The four of them looked like one big ball of brown and white fluff.

'That's very sweet, Babies,' said Henri Le Hare to the pups, 'but we have a rock-climbing event to get to. In Italy. That way.' He pointed over the mountain.

F-F-Foxy nodded. 'Yeah. Time out! Basta!'

Little Foxy added, 'Finito, Puppies!'

— *Aaaaaaaaaaaaaauuuuuuuuuuuuooooooooooo !*

Une seconde plus tard, trois petits hurlements vinrent de derrière eux.

— *Aaaaaaaauuuuuuuuoooooo !*

— *Aaaaaaaauuuuuuuuoooooo !*

— *Aaaaaaaauuuuuuuuoooooo !*

Le groupe tourna la tête.

Trois bébés Saint-Bernard se traînaient vers eux. Ils coururent en direction de Puppy Bébé, qui faisait le double de leur taille. Ils lui sautèrent dessus. Tous les quatre ressemblaient à une grosse boule de poils brun et blanc.

Henri Le Lièvre dit aux chiots :

— Vous êtes mignons, les bébés, mais on doit participer à un événement de l'escalade. En Italie. Par là.

Il montra du doigt la montagne.

F-F-Foxy acquiesça.

— Ouais. *Time Out ! Basta !*

Little Foxy ajouta :

— *Finito*, les chiots !

Puppy Bébé gently shook the puppies off him. 'We have to go,' he bubbled to them.

The babies stared up with round brown eyes. Their red baby tongues hung out of their mini mouths. 'Can we come?'

Puppy Bébé nodded.

Henri Le Hare stepped forward. 'No! You can't come. You're babies. Go home!'

The puppies hung their heads low.

Puppy Bébé's eyes softened. 'Maybe they can come ...'

Grrrrrrrrrrrrrrrrrrrrrrrrrrrrrrrrrrrrrrrrrrrrrrrrrr!

An enormous Saint Bernard dog thundered towards them. Fire lit his eyes and hot saliva dripped from his wet mouth. His huge body bounced up and down as he ran, as if he was running in slow motion. He growled again as he got closer.

Grrrrrrrrrrrrrrrrrrrrrrrrrrrrrrrrrrrrrrrrrrrrrrrrrr!

Henri Le Hare, F-F-Foxy, and Little Foxy jumped onto Puppy Bébé's back.

Puppy Bébé, gentiment, poussa les chiots pour les éloigner de lui. Il leur bouillonna :

— Il faut qu'on y aille.

Les bébés le regardaient avec des yeux bruns et ronds. Leurs langues rouges de bébé pendaient de leurs petites bouches.

— On peut venir ?

Puppy Bébé hocha la tête pour dire oui.

Henri Le Lièvre fit un pas en avant.

— Non ! Vous ne pouvez pas venir. Vous êtes des bébés. Rentrez chez vous !

Les chiots baissèrent la tête.

Les yeux de Puppy Bébé s'attendrissaient.

— Peut-être qu'ils peuvent venir...

— *Grrrrrrrrrrrrrrrrrrrrrrrrrrrrrrrrrrrrrrrrrrrrrr !*

Un énorme Saint-Bernard fonça dans leur direction. Ses yeux étaient enflammés et de la salive chaude coulait de sa gueule. Son énorme corps se balançait de haut en bas en courant, comme s'il courait au ralenti. Il grogna à nouveau alors qu'il se rapprochait.

— *Grrrrrrrrrrrrrrrrrrrrrrrrrrrrrrrrrrrrrrrrrrrrrr !*

Henri Le Lièvre, F-F-Foxy, et Little Foxy sautèrent

'Another time!' bubbled Puppy Bébé to the puppies. He zoomed away, across the clearing and higher up the mountain.

Chamois Luc and Chamois Loic were already ahead with the marmot and rabbit. They'd bolted the instant they heard the first growl.

The friends raced straight up the mountain and the higher they got, the colder it got. Soon, they reached snow. The chamois's legs sank into the snow, and the higher they climbed, the deeper their legs sank. Soon it looked like they didn't have any legs at all. It looked like they were just bodies moving along on the snow.

Magali looked around. 'Wow, look at all this... '

CRAAAAAAAAAAAAAAAAAAAAAAAAC!

Chamois Loic and Chamois Luc sank.

'… snoooooooooooooooooooooow!' yelled Magali, falling into the darkness with Chamois Luc.

Puppy Bébé halted when he saw the two chamois ahead suddenly disappear.

sur le dos de Puppy Bébé.

— Une autre fois, bouillonna Puppy Bébé aux chiots.

Il s'éloigna rapidement, à travers la clairière, et se dirigea plus haut sur la montagne.

Chamois Luc et Chamois Loic étaient déjà devant, avec la marmotte et le lapin. Ils avaient filé à l'instant où ils avaient entendu le premier grognement.

Les amis couraient tout droit vers le haut de la montagne. Plus ils montaient, plus il faisait froid. Bientôt, ils atteignirent la neige. Les jambes du chamois s'enfonçaient dans la neige. Plus ils grimpaient, plus leurs jambes s'enfonçaient. Bientôt, ils semblaient ne plus avoir de jambes du tout. Ils semblaient être simplement des corps se déplaçant sur la neige.

Magali regarda autour d'elle.

— Waouh ! Regarde tout ce…

CRAAAAAAAAAAAAAAAAAAAAAAC !

Chamois Loic et Chamois Luc tombèrent.

— …neeeiiiiiiiiiiige ! cria la marmotte en plongeant dans l'obscurité avec Chamois Luc.

Puppy Bébé s'arrêta quand il vit les deux chamois disparaître soudainement.

'Get off,' he bubbled as he knelt. The hare and the brother foxes jumped off. 'Stay here. Don't move.'

Within a split second, Puppy Bébé transformed from a playful puppy to a mountain search and rescue dog. His fur stood straight, his ears pointed up, and his nose sniffed the night air. He listened, waiting for noises, but the night was silent.

'Dude, where are they?' The hare hopped up and down, looking up the snowy mountain for the chamois.

'They've fallen down a crevice,' bubbled Puppy Bèbè. 'Stay here. Do not move.' He bounded up the mountain, sniffing the ground as he raced. Finally, he stopped and sniffed madly. He looked up to the moon and howled.

Aaaaaaaaaaaaaauuuuuuuuuuuuoooooooooooo!

Puppy Bernard started digging as fast as he could. He used his huge, padded paws to dig. He flung snow left and right into the air.

A different, stronger howl came from down the mountain.

— Descendez, bouillonna-t-il en s'agenouillant.

Le lièvre et les frères renards descendirent d'un bond.

Puppy Bébé bouillonna :

— Restez là. Ne bougez pas.

Tout d'un coup, Puppy Bébé se transforma de chiot enjoué en chien sauveteur. Son pelage était droit, ses oreilles pointaient vers le haut et son nez reniflait l'air de la nuit. Il écoutait, attendant d'entendre des bruits, mais la nuit était silencieuse.

Le lièvre sauta de haut en bas. Ses yeux cherchaient les chamois dans la montagne enneigée.

— Chaton, où sont-ils ?

— Ils sont tombés dans une crevasse, bouillonna le chiot. Restez ici. Ne bougez pas.

Il bondit vers le haut de la montagne en reniflant la neige. Finalement, il s'arrêta à un endroit où il renifla comme un malade. Il leva les yeux vers la lune et hurla.

— *Aaaaaaaaaaaaaauuuuuuuuuuuoooooooooooo !*

Le chiot se mit à creuser aussi vite qu'il le pouvait. Il projetait de la neige à gauche et à droite dans les airs.

Un autre hurlement, plus puissant, arriva d'en bas.

Aaaaaaaaaaaaaaauuuuuuuuuuuuoooooooooooo!

Three mini howls followed.

Aaaaaaaauuuuuuuuoooooo!
Aaaaaaaauuuuuuuuoooooo!
Aaaaaaaauuuuuuuuoooooo!

The dogs zoomed up the mountain.

The hare and fox brothers hung their heads in silence. They didn't say a word as they waited. They knew the dangers of being trapped in a crevice. Especially with snow. Henri Le Hare had had this conversation with Mishka and Magali before, when they'd asked about avalanches. He'd explained to them, "They've only got a certain amount of time to find you if you're in an avalanche. After that, you're dead."

"Why don't they just dig themselves out of the snow?" Mishka had asked, digging at the air with his paws.

"If a heap of snow comes over you and pulls you down and in, you're not going to know if you're facing up or down, or sideways or backward. Plus, the snow is going to pack you in. You might not be able to move," he'd answered.

The brother foxes and the hare paced back and forth, looking up the mountain.

— *Aaaaaaaaaaaaaauuuuuuuuuuuuoooooooooooo* !

Trois mini hurlements suivirent.

— *Aaaaaaaauuuuuuuuoooooo* !
— *Aaaaaaaauuuuuuuuoooooo* !
— *Aaaaaaaauuuuuuuuoooooo* !

Les chiens foncèrent vers le haut de la montagne.

Le lièvre et les frères renards baissaient la tête. Ils restaient silencieux en attendant. Ils connaissaient les dangers d'être piégé dans une crevasse. Surtout avec la neige. Henri Le Lièvre avait déjà eu cette conversation avec Mishka et Magali, quand ils avaient posé des questions sur les avalanches. Il leur avait expliqué : "Ils n'ont qu'un certain laps de temps pour te trouver si tu es dans une avalanche. Après ça, tu es mort."

— Pourquoi tu ne creuses pas pour te sortir de la neige ? Mishka avait demandé.

— Si un tas de neige te tombe dessus et te pousse en bas, tu ne sauras pas si tu es tourné vers le haut ou vers le bas, ou sur le côté ou à l'arrière. En plus, la neige va te comprimer. Peut-être, tu ne pourras pas bouger, avait répondu le lièvre.

Maintenant sur la montagne, les frères renards et le lièvre faisaient les cent pas, en regardant en haut.

Puppy Bébé et le grand Saint-Bernard creusaient de

Puppy Bébé and the big Saint Bernard dog dug further and further down, whilst the puppies stood back, barking.

Finally, good news came.

Aaaaaaaaaaaaaaauuuuuuuuuuuuuuoooooooooooo!

Henri Le Hare, F-F-Foxy, and Little Foxy's ears flicked up. They breathed out sighs of relief as they recognised their friend's howl from inside the crevice.

'The dude's got them!'

'Thank goodness!' said F-F-Foxy.

'Mate, what a relief!' said Little Foxy.

They waited, looking up the mountain, until finally, Chamois Luc's head appeared from the snow. Then Chamois Loic's head appeared. Or was it the other way around?

The hare and foxes waited to see signs of their smaller friends. They stared up the mountain, not daring to take their eyes off the crevice.

Two long minutes later, the big Saint Bernard dog climbed out of the crevice with Mishka on his back. Then, Puppy Bébé climbed out next, with Magali on his back.

plus en plus, tandis que les chiots restaient de côté en aboyant.

Enfin, la bonne nouvelle arriva.

— *Aaaaaaaaaaaaaaauuuuuuuuuuuuuuoooooooooooo !*

Les oreilles d'Henri Le Lièvre, F-F-Foxy, et Little Foxy se dressèrent. Ils poussèrent des soupirs de soulagement.

— Il les a trouvés !

F-F-Foxy essuya la sueur de son front.

— Dieu merci !

Little Foxy dit :

— Mec, quel soulagement !

Le trio attendait, regardant en haut de la montagne, jusqu'à ce que finalement, la tête de Chamois Luc apparût hors de la neige. Puis, la tête de Chamois Loic apparut. Ou était-ce l'inverse ?

Le lièvre et les renards attendaient pour voir des signes de leurs petits amis. Ils fixaient la montagne, n'osant pas quitter la crevasse des yeux.

Deux longues minutes plus tard, le grand Saint-Bernard sortit de la crevasse avec Mishka sur son dos. Puis, c'était au tour de Puppy Bébé de sortir avec Magali sur son dos.

'Phew!' Henri Le Hare's whiskers flickered in the cold. 'This is too much, Dudes! And, we haven't even started the evening!'

The fur on F-F-Foxy's chin had turned grey. 'Yeah. No more excitement f-f-for tonight.'

Little Foxy scoffed, 'What? The night's only just beginning! Come on! Let's go go go! *Italia*, here we come!'

After thanking the papa Saint Bernard with hugs, pawshakes, nose-to-nose rubs, kisses, and kind words (Henri Le Hare had said, 'Seriously, Dude, from the bottom of our hearts... '), the group raced away. They got close to the top of the mountain.

Other animals started appearing out of nowhere. Ten ibex came charging up the mountain from the left. They were like heavy goats with massive horns that hooked around in semi-circles. Their strong bodies pushed through the snow, making a path for the smaller animals to follow.

Henri Le Lièvre s'était mis à genoux.

— Ouf !

Ses moustaches frémissaient dans le froid.

— C'est trop, les chatons ! Et, nous n'avons même pas commencé la soirée !

La fourrure du menton de F-F-Foxy était devenue grise.

— Ouais. Plus d'excitation pour ce soir.

Little Foxy se moqua :

— Quoi ? La soirée ne fait que commencer ! Allez, viens ! On y va, on y va ! *Italia*, on arrive !

Après avoir remercié le papa Saint-Bernard avec des câlins, des poignées de pattes, des frottements de nez, des bises, et des mots gentils (Henri Le Lièvre avait dit : "Sérieusement, chaton, du fond de nos cœurs... "), les amis reprirent la course et se rapprochèrent du sommet.

D'autres animaux commençaient à sortir de nulle part. Dix bouquetins grimpaient la montagne par la gauche. Ils ressemblaient à de lourdes chèvres avec des cornes massives qui s'accrochaient en demi-cercle. Leurs corps puissants repoussaient la neige, créant un chemin pour les plus petits animaux.

Sept chevreuils tachetés courraient derrière les

Seven spotty deer ran behind the ibex, yelling, 'We're nearly there!'

A line of boar followed the deer, charging forward with their stocky bodies.

A line of hedgehogs raced next, chanting, *'Rock climbing! Rock climbing! Rock climbing!'*

Behind them, hare and rabbits leap-frogged over each other.

On the right, foxes raced up the mountain, jumping in and out of the snow, playing hide and seek.

The light from the moon shone on the snow. It looked like a blanket of white marshmallow.

Magali's fur suddenly spiked up. She looked up to the sky and gasped, 'Aaaaaaaaaaagh!'

Black and white eagles circled above the running animals.

Sweat poured from Magali as she remembered her mother's warning. "If you see an eagle, get in the burrow. You don't want to end up like your poor cousin. He tried to run, but the eagle swooped down and picked him up with its cruel claws. It carried your cousin away, back to its nest and eagle babies. I don't want to think about what happened to him."

bouquetins en criant "On est presque arrivés !"

Une file de sangliers suivait les chevreuils, chargeant en avant avec leurs corps trapus.

Une ligne de hérissons courait ensuite en chantant :

— *L'escalade ! L'escalade ! L'escalade !*

Derrière eux, des lièvres et des lapins sautaient à saute-mouton par-dessus les autres.

Sur la droite, des renards couraient vers le haut, en sautant dans la neige et en jouant à cache-cache.

Le clair de lune éclairait la neige. Elle ressemblait à une couverture de guimauve blanche.

Soudain, la fourrure de Magali se hérissa. Elle leva les yeux vers le ciel et s'exclama :

— Aaaaaaaaaaaaaah !

Des aigles noir et blanc tournaient au-dessus des animaux qui couraient.

La sueur coulait sur le front de Magali quand elle se rappela l'avertissement de sa mère. "Si tu vois un aigle, va vite dans le terrier. Tu ne veux pas finir comme ton pauvre cousin. Il a essayé de courir, mais l'aigle a plongé et l'a pris avec ses griffes cruelles. Il a emporté ton cousin dans son nid. Je ne veux même pas penser à ce qui lui est arrivé."

En regardant ces aigles et leurs serres acérées,

Looking up at these eagles and their razor-sharp talons, Magali swallowed hard. More sweat poured down her forehead, and her heart raced. *Boom-boom, boom-boom, boom-boom.*

The Italian Eagles shouted down. '*Buonasera!* It's up ahead! Go up this mountain, and then down the other side. Not much further!'

Chamois Luc, Chamois Loic, and Puppy Bébé pressed forward, trotting higher up the slope.

Seven spotty deer ran past, yelling, 'See you there! We're going to be the winners!'

Henri Le Hare and F-F-Foxy's ears pricked up.

'No!' shouted the hare. '*We* are the winners!'

F-F-Foxy shouted. 'Always! We always win!'

The deer laughed. 'Ha! You guys don't stand a chance against us!'

F-F-Foxy shouted, 'Wanna make a bet?!'

Magali avala de travers. De la sueur coulait sur son front et son cœur s'emballait. *Boum-boum, boum-boum, boum-boum.*

Les Aigles Italiens crièrent aux animaux :

— *Buonasera !* C'est tout droit ! On monte sur cette montagne, et on descend de l'autre côté. Ce n'est pas très loin.

Chamois Luc, Chamois Loic et Puppy Bébé avançaient, trottant plus haut sur la pente.

Sept chevreuils tachetés passèrent en courant et crièrent :

— On se retrouve là-bas ! On va être les gagnants !

Les oreilles d'Henri Le Lièvre et de F-F-Foxy se dressèrent.

— Non ! cria le lièvre. Nous sommes les gagnants !

F-F-Foxy cria :

— Toujours ! On gagne toujours !

Un chevreuil leur répondit en riant.

— Ha ! Vous n'avez aucune chance contre nous.

F-F-Foxy cria :

— On f-f-fait un pari ?

Sitting on Chamois Luc's back, Magali shouted, 'Yeah! We're going to win! I didn't fall down a crevice and nearly die for nothing!'

A voice high up in the treetops far in the distance laughed into the night. 'Keeeeeeeeeek kiki kak! Dead-o marmot! Dead-o marmot! Keeeeeeeeeek kiki kak!'

Assise sur le dos de Chamois Luc, Magali cria :

— Ouais ! On va gagner ! Je ne suis pas tombée dans une crevasse et pas failli mourir pour rien !

Une voix perchée dans la cime des arbres, loin au loin, rit dans la nuit.

— Keeeeeeeek kiki kak ! Marmotte morte ! Marmotte morte ! Keeeeeeeek kiki kak !

Chapter 3
Benvenuti

Henri Le Hare drew a line in the snow with his foot. 'Here, I'm standing in France.' He took a step over the line and said, 'Here, I'm standing in Italy!' He jumped back over the line. 'France!' He jumped forward over the line. 'Italy.' He hopped back and forth, saying, 'France! Italy! France! Italy!'

Chapitre 3
Benvenuti

Henri Le Lièvre traça une ligne dans la neige avec son pied.

— Ici, je suis en France.

Il fit un pas par-dessus la ligne et dit :

— Ici, je suis en Italie !

Il sauta de nouveau par-dessus la ligne.

— Ici la France !

Il sauta encore.

— L'Italie.

Il fit des bonds d'avant en arrière, en disant :

— La France ! L'Italie ! La France ! L'Italie !

The group laughed and followed him into Italy. They ran across the peak and down the mountain on the other side. Soon the snow became less and less. They ran until they reached a large, open, grassy area where loads of animals gathered, talking and laughing under the moonlight.

A large deer, with huge horns that looked like wayward dead tree branches growing from his head, trotted towards the group. He pushed out his magnificent chest and smiled. '*Ciao, ciao*! My old friends! It's been a while, no?' When he saw the two chamois, he shook his wooden horns about in the air. 'Woh, woh, woh! What's happening here? Am I seeing double? Did I bang my head on something and now I am seeing two of everything? What is happening? Chamois Luc? Which one are you?'

'They won't tell us who is who!' Henri Le Hare said, sitting on Puppy Bébé's back.

Bruno The Italian Stag swung his head around to look at the hare.

En riant, le groupe le suivit du côté italien.

Ils coururent jusqu'au sommet et descendirent la montagne de l'autre côté. Il y avait de moins en moins de neige en descendant. Les amis coururent jusqu'à ce qu'ils atteignissent un grand espace herbeux. Là, des tas d'animaux se rassemblèrent, parlant et riant au clair de lune.

Un grand cerf, avec d'énormes cornes qui ressemblaient à des branches d'arbre mortes poussant sur sa tête, trotta vers le groupe. Il sourit en bombant sa magnifique poitrine.

— *Ciao, ciao !* Les amis ! Ça fait un petit moment, non ?

Quand il vit les deux chamois, il secoua ses cornes de bois.

— Woh, woh, woh ! Qu'est-ce qui se passe ici ? Est-ce que je vois double ? Est-ce que je me suis cogné la tête et maintenant je vois deux fois la même chose ? Mais, qu'est-ce qui se passe ? Chamois Luc ? Lequel es-tu ?

Assis sur le dos de Puppy Bébé, le lièvre dit :

— Ils ne veulent pas nous dire qui est qui.

Bruno Le Cerf Italien tourna la tête pour regarder le lièvre.

— Mon petit ami le lièvre ! On ne s'est pas vu la

'My little hare friend! I didn't see you last time I went snowboarding! You were missing in action!'

The stag trotted over to the hare, giving him two kisses hello. He did the same for F-F-Foxy, Little Foxy, Puppy Bébé, Mishka, and the two chamois. When he got to Magali, he stopped and said, 'You! Little marmot! I remember you!'

Magali smiled and said, '*Bueni Seeyeera*!'

The stag laughed, 'Oh, she speaks Italian! *Brava*!' Then he trotted over to the fox brothers. 'Now, these two, we know who is who. One is bigger.' He nodded to F-F-Foxy. 'And, one is smaller.' He nodded to Little Foxy. He walked over to the chamois and shook his head. 'But, with these two... *Mama mia!*

'They won't tell us who is who!' said F-F-Foxy.

dernière fois que je suis allé faire du snowboard ! Tu n'étais pas là !

Le cerf s'approcha du lièvre, lui donnant deux bises pour le saluer. Il fit de même pour F-F-Foxy, Little Foxy, Puppy Bébé, Mishka et les deux chamois. Arrivant vers Magali, il dit :

— Toi ! Petite marmotte ! Je me souviens de toi !

Magali sourit et dit :

— *Bueni Seeyeera.*

Le cerf rit :

— Ah, elle parle italien ! Bravo !

Puis, il montra les frères renards.

— Bon, ces deux-là, on sait qui est qui. L'un est plus grand.

Il fit un signe de tête à F-F-Foxy.

— Et l'autre est plus petit.

Il fit un signe de tête à Little Foxy.

Le cerf s'approcha du chamois et secoua la tête.

— Mais, avec ces deux-là... *Mama mia !*

— Ils ne veulent pas nous dire qui est qui ! dit F-F-Foxy.

Magali bit her lips trying not to giggle. Mishka put his paw over his mouth.

Henri Le Hare pointed. 'They know!' He clasped his paws together, begging. 'Tell us!'

The chamois reared up on their hind legs. Magali and Mishka fell, tumbling to the ground. When they got up, the chamois were running around, swapping places from left to right, and back again.

'Well?' F-F-Foxy asked the marmot and rabbit. 'Which one is Chamois Luc?'

The chamois had swapped back and forth too many times. Magali said, 'I'm not sure.'

'Ha ha ha!' laughed Bruno The Italian Stag. 'We will see, by the end of the night, who has the correct guess! For sure, it will be me who wins.'

'No. I'll win,' said Henri Le Hare, lifting his paw in the air.

Magali se mordit les lèvres en essayant de ne pas ricaner.

Mishka aussi. Il mit sa patte sur sa bouche.

Henri Le Lièvre pointa du doigt.

— Eux, ils savent !

Il serra ses pattes ensemble et supplia :

— Dis-le-nous !

Les chamois se cabrèrent sur leurs pattes arrière. Magali et Mishka tombèrent par terre. Quand ils se relevèrent, les chamois étaient en train de courir dans tous les sens, changeant de place de gauche à droite, et inversement.

F-F-Foxy demanda à la marmotte et au lapin :

— Alors ? Lequel est Chamois Luc ?

Les chamois avaient changé de place trop de fois.

Magali dit :

— Je ne suis pas sûre.

— Aha ha ha ! rigola Bruno Le Cerf Italien. Nous verrons ça, à la fin de la soirée. On va voir qui devine correctement ! Je suis certain que c'est moi qui vais gagner.

— Non, c'est moi qui vais gagner, dit Henri Le

'I don't think so, Man,' said F-F-Foxy.

'Yes.'

'No.'

'Yes.'

'No.'

Bruno The Italian Stag laughed at the skinny hare. 'Last time I didn't see you at snowboarding because you had broken bones!'

'Dude! That was his fault!' Henri Le Hare pointed to F-F-Foxy.

'I won that competition, and I'll win again tonight!' F-F-Foxy pushed out his bony chest.

'The rock climbing, or the who is who?' He nodded to the chamois.

'Both!'

Bruno The Italian Stag laughed. 'You know, the rock climbing is not really a competition, only a fun game.'

Lièvre en levant la patte en l'air.

— Je ne pense pas, mon pote, dit F-F-Foxy.

— Si.

— Non.

— Si.

— Non.

Bruno Le Cerf Italien taquina le lièvre maigre. Il dit :

— Je me rappelle la dernière fois, tu ne faisais pas de snowboard parce que tu avais les os cassés !

— Chaton ! C'était sa faute !

Henri Le Lièvre pointa du doigt F-F-Foxy.

F-F-Foxy bomba sa poitrine tout osseuse et dit :

— J'ai gagné cette compétition, et je vais encore gagner ce soir !

— La compétition d'escalade, ou celle de qui est qui ? dit le cerf en faisant un signe de tête vers le chamois.

— Les deux ! dit le renard.

Bruno Le Cerf Italien rit.

— Tu sais, l'escalade ce soir ce n'est pas vraiment une compétition. C'est juste un jeu.

Henri Le Hare said, 'Dude, it's a competition.'

The group of spotty deer from earlier in the night walked by. They said, 'And you're going to lose!' They wiggled their white tails as they pranced past.

Henri Le Hare and F-F-Foxy shouted, 'Wanna make a bet?!'

The stag laughed at his French friends. 'Come with me. Let me show you The Rock!'

As they followed their Italian friend, a voice high far away in the treetops laughed down at the group. 'Keeeeeeeeek kiki kak! Losers! Losers! Keeeeeeeeek kiki kak!'

Mishka's blue eyes blinked double-time when he saw the enormous wall of solid grey rock. It stretched right up to the sky. He took a large gulp. 'We're supposed to climb this?'

Bruno The Italian Stag laughed. 'Ha ha ha! No!'

Henri Le Lièvre dit :

— Chaton, c'est une compétition.

Le groupe de chevreuils tachetés, qu'ils avaient vu plus tôt dans la nuit, les dépassa et dit :

— Et vous allez la perdre !

Ils remuaient leurs queues blanches en se pavanant devant eux.

— Henri Le Lièvre et F-F-Foxy crièrent :

— On parie ?

Bruno Le Cerf Italien rit et dit à ses amis français :

— Venez avec moi. Je vais vous montrer Le Rocher !

Alors qu'ils suivaient leur ami italien, une voix venant d'en haut se moqua du groupe.

— Keeeeeeeeek kiki kak ! Les Losers ! Les Losers ! Keeeeeeek kiki kak !

Quand Mishka vit l'énorme mur gris et solide, il cligna des yeux à double tour. Il s'étendait jusqu'au ciel. Le lapin prit une grande inspiration.

— On est censé grimper là-haut ?

Bruno Le Cerf Italien rit.

— Aha ha ha ! Non !

He pointed to a rock ledge not too high up. 'You see that ledge? That is where you need to climb up to.'

'Easy peasy!' said F-F-Foxy, his eyes lighting up. He bounced back and forth.

'Lemon squeezy!' said Little Foxy, chasing his tail.

Puppy Bébé looked up, past the cliff, to the sky. 'One, two, three, fou... '

Henri Le Hare kicked the puppy's leg. 'Dude, this isn't the time to count stars. This is the time to plan our victory. How are we going to climb up to the ledge?'

Bruno The Italian Stag said, 'For you guys, it's a team effort, and the rules are simple. Well, there are no rules. Each team gets up to the ledge any way they can! They must reach the ledge and pick up one of the orange eggs.' He nodded up, where ten orange eggs sat, spaced out along the long ledge.

Henri Le Hare high-fived the foxes, the puppy, the chamois, rabbit, and marmot.

Il montra un rebord rocheux pas très élevé.

— Tu vois ce rebord ? C'est jusque-là que vous deviez grimper.

— F-f-facile ! dit F-F-Foxy, les yeux brillants.

Il sautait d'avant en arrière.

— Même pas peur ! dit Little Foxy en chassant sa queue.

Puppy Bébé leva les yeux, au-delà de la falaise, vers le ciel.

— Une, deux, trois, quatre...

Henri Le Lièvre lui donna un coup de pied.

— Loser, ce n'est pas le moment de compter les étoiles. C'est le moment de planifier notre victoire. Comment allons-nous grimper jusqu'au rebord ?

Bruno Le Cerf Italien dit :

— Vous travaillez en équipe, et les règles sont simples. En fait, il n'y a pas de règles. Chaque équipe atteint le rebord par n'importe quel moyen ! Ils doivent l'atteindre et ramasser un des œufs orange.

Il fit un signe de tête vers le haut, où dix œufs orange étaient espacés le long du rebord.

Henri Le Lièvre fit des checks aux renards, le chiot, le chamois, le lapin et la marmotte.

'It's done! We are the winning team. Because we've got two chamois on our team! Sweet!' The hare moonwalked in the dirt.

'Chamois Luc and, er, Double Chamois, cannot participate in your event.' Bruno The Italian Stag said. 'They participate in the other competition.'

'What other competition?'

The stag nodded up to the very top of the solid grey cliff. 'All chamois and ibex compete to reach the top of the cliff for the real grand prize. That happens, after your Little Guys Event.'

F-F-Foxy frowned. 'Little Guys Event?! Excuse me?'

Little Foxy stopped chasing his tail. 'Mate, are you calling us little?'

Puppy Bébé bubbled, 'That's rude, Bro.'

Henri Le Hare boinged up and down, scrunching his fists.

— Ça y est ! On est l'équipe gagnante. Parce qu'on a deux chamois dans notre équipe ! Génial !

Le lièvre fit un moonwalk.

Bruno Le Cerf Italien dit :

— Chamois Luc et, euh, Double Chamois, ne peuvent pas participer à votre événement. Ils participeront à l'autre compétition.

— Quelle autre compétition ?

Le cerf fit un signe de tête jusqu'au sommet de la falaise grise.

— Les chamois et les bouquetins feront la course jusqu'au sommet de la falaise pour remporter le grand prix. Sera après votre événement, Les Petits Gars.

F-F-Foxy fronça les sourcils.

— Pardon ? Notre événement, Les Petits Gars ?

Little Foxy arrêta de chasser sa queue et dit :

— Mec, tu nous traites de petits ?

Puppy Bébé bouillonna :

— Ouais, c'est impoli, frèro.

Le lièvre sauta de haut en bas, en serrant les poings.

— Mec, je ne veux pas être dans l'événement Les

'Dude, I don't want to be in the Little Guys Event. I want to be in the big one!'

F-F-Foxy jumped up and down too. 'Yeah!'

'That's right!' Little Foxy stood by his brother.

Bruno The Italian Stag towered over the puppy, foxes, hare, marmot, and rabbit. He looked down at them. 'Don't take it the wrong way. You *are* little! And, so cute! Ha ha ha!' He nodded to the chamois brothers. 'Come. I'll take you to your competition area to meet the other chamois and ibex.' He looked closely at their faces. 'You are still not going to tell me who is who, huh? You want to play that game? Okay! I will find out before the end of the night. Believe me!' The stag looked back to the hare, foxes, puppy, rabbit, and marmot. 'I will be back for your Little Guys Event soon. Good luck, my little loves.'

'Dude, we don't need luck!' Henri Le Hare boinged up and down, watching the chamois and the stag leave.

Petits Gars. Je veux être dans l'événement des Grands Gars !

F-F-Foxy sauta aussi de haut en bas.

— Ouais !

Little Foxy se tenait près de son frère.

— Exact !

Bruno Le Cerf Italien dominait le chiot, les renards, le lièvre, la marmotte et le lapin. Il les regarda.

— Ne le prenez pas mal. Vous êtes petits ! Et, si mignons ! Aha ha ha !

Il hocha la tête vers les frères chamois.

— Venez avec moi. Je vous emmènerai dans l'espace des compétiteurs chamois et bouquetins.

Il regarda attentivement leurs visages.

— Alors ? Vous n'allez toujours pas me dire qui est qui, hein ? Vous voulez jouer le jeu ? Ok ! Je le saurai avant la fin de la nuit. Croyez-moi !

Le cerf se retourna vers le lièvre, les renards, le chiot, le lapin et la marmotte.

— Je serai bientôt de retour pour votre événement. Bonne chance, mes petits amis.

Henri Le Lièvre sauta de haut en bas, en regardant

He started singing, *'We're the winners, spinners, rinky-do rin rin rin winners!'*

Not long later, teams of foxes, deer, boar, hare, weasels, rabbits, badgers, and hedgehogs came forward to take their place before the grey rock face. They high-fived each other, slapped each other's backs, hugged, laughed, and danced. Magali's tiny ears pricked up when she heard the sound of Italian laughter mixed amongst French laughter. Her black eyes glistened under the moonlight as she looked around at the happy faces. To her right, seven rabbits hopped up and down in a line, trying to jump higher than the others.

The rabbits said, 'If we jump high enough, we can hold on to the ledge and get the egg!'

Next to the rabbits, a group of foxes huddled together, drawing a plan in the dirt. 'This is the rock. We need to start running from back here so that we get enough speed for our run up.' The fox drew a cross in the dirt.

les chamois et le cerf partir. Il dit :

— Chaton, on n'a pas besoin de chance !

Il se mit à chanter :

— *On est les gagnants, les ga ga ga ga ga gagnants !*

Peu de temps après, des équipes de renards, de chevreuils, de sangliers, de lièvres, de belettes, de lapins, de blaireaux et de hérissons s'avancèrent pour prendre place devant la paroi rocheuse grise. Ils faisaient des checks, se tapaient dans le dos, s'embrassaient, riaient et dansaient.

Les petites oreilles de Magali se dressèrent quand elle entendit le son des rires italiens mêlés aux rires français. Ses yeux noirs brillaient sous le clair de lune et elle regardait autour les visages heureux. À sa droite, sept lapins sautaient en ligne, essayant de sauter plus haut que les autres.

Les lapins dirent :

— Si on saute assez haut, on peut s'accrocher au rebord et prendre un œuf.

À côté des lapins, une équipe de renards se groupait, dessinant un plan dans la terre.

— Ça, c'est le rocher. Nous devons commencer à courir d'ici pour avoir assez de vitesse pour monter.

Un renard dessina une croix.

'We run really fast and use that momentum to help up climb up the cliff wall. Everyone *capiche*?'

To Magali's left, an army of hedgehogs marched behind a stocky boar. The boar sang loudly. *'March! One two three four!'*

The hedgehogs marched behind him, repeating, *'March! One two three four!'*

The boar continued. *'March! Five six seven eight!'*

The hedgehogs repeated. *'March! Five six seven eight!'*

'To get the egg!'

'To get the egg!'

'We are the best!'

'We are the best!'

'Hup! Hup!'

'Hup! Hup!'

Little Foxy laughed at the marching hedgehogs.

— On court très vite et on utilise l'impulsion pour nous aider à grimper le long de la falaise. Tout le monde est d'accord ?

À la gauche de Magali, une armée de hérissons marchait derrière un sanglier trapu. Le sanglier chantait fort :

— *Marche ! Un, deux, trois, quatre...*

Les hérissons marchaient derrière lui en répétant :

— *Marche ! Un, deux, trois, quatre...*

Le sanglier continua :

— *Marche ! Cinq, six, sept, huit !*

Les hérissons répétèrent.

— *Marche ! Cinq six sept huit !*

— *À l'œuf !*

— *À l'œuf !*

— *On est les meilleurs !*

— *On est les meilleurs !*

— *Hup ! Hup !*

— *Hup ! Hup !*

Little Foxy se moqua des hérissons qui défilaient. Il leur cria :

He shouted to them. 'The best?! You're the shortest! Ha ha ha!'

Bof! F-F-Foxy whacked his brother on the head. Little Foxy growled and lunged for F-F-Foxy. F-F-Foxy knocked his brother to the ground. *Whack!* The pair rolled. Little Foxy bit his brother's ear. F-F-Foxy slammed Little Foxy into the ground. *Pow!* The younger fox wriggled around, his tail wagging, as he tried to break free. He shook and shook and shook, and finally, squeezed out from under his brother. Little Foxy kicked F-F-Foxy and red tufts of fox fur flew up in the air.

Henri Le Hare put his paws in the air, making a T sign. 'Losers! Break it up! We have to get ready for this competition! Concentrate!'

The brother foxes jumped up and shook out their fur out. Shake shake shake. A tuft of red fox fur landed on Magali's nose. She blew the fur off and continued eavesdropping on the other teams. To her left, the spotty deer stretched out their long, bony legs.

The deer whispered, 'We'll get the rabbits on our team. There's no way we can lose. Go find those rabbits.'

— Les meilleurs ? Les plus petits, plutôt ! Aha ha ha !

F-F-Foxy frappa son frère sur la tête. *Paf* ! Little Foxy grogna et se jeta sur F-F-Foxy. F-F-Foxy fit tomber son frère par terre. *Vlan* ! Les deux roulèrent. Little Foxy mordit l'oreille de son frère. F-F-Foxy frappa son frère au sol. *Bang* ! Le cadet des renards se tortillait et sa queue remuait, alors qu'il essayait de se libérer. Il se secouait et se secouait et se secouait, et finalement, il se dégagea de dessous son frère. Little Foxy donna un coup de pied à F-F-Foxy, et des touffes rouges de fourrure s'envolèrent dans les airs.

Le lièvre leva ses pattes en l'air, faisant le signe du T.

— Chatons ! *Time out !* *Stop* ! On doit se préparer pour cette compétition ! Concentrez-vous !

Les frères s'arrêtèrent et secouèrent leur fourrure. Secoue, secoue, secoue.

Une touffe de fourrure rousse atterrit sur le nez de Magali. Elle la souffla et continua à observer les autres équipes. À sa gauche, les chevreuils tachetés étiraient leurs longues pattes osseuses.

Les chevreuils chuchotèrent :

— On ne peut pas perdre la compétition. On doit prendre les lapins dans notre équipe. Va chercher ces lapins.

Magali looked across to the rabbits. They were still hopping up and down, trying to go higher and higher. Next to them, a line of weasels ran, stretching out their short arms and legs.

Magali took a deep breath and looked back to the grey cliff and up to where the orange eggs sat spaced out along the ledge. 'It's not *that* high,' she said. She turned to her friends. 'We need a plan, like the others. They're having secret meetings and making plans. What's our plan?'

F-F-Foxy's tongue hung out from the side of his mouth, and two pointy fangs stuck out. Magali's heart rate suddenly shot up. *Boom-boom, boom-boom, boom-boom.* She dropped her eyes to the floor. She repeated the sports rule to herself, "No Eating Other Animals At Night."

'The plan is to run up to the cliff and climb,' said F-F-Foxy.

Henri Le Hare said, 'Yeah. We're gonna run up and start climbing. One of us has to get up to the egg, right?'

'Wrong,' said Magali. 'We need a better plan.'

Magali regarda les lapins. Ils étaient toujours en train de sautiller, essayant d'aller de plus en plus haut. À côté d'eux, une ligne de belettes courait, étirant leurs petits bras et leurs petites jambes.

La marmotte prit une profonde inspiration et regarda la falaise grise, puis les œufs orange espacés sur le rebord. Elle dit :

— Ce n'est pas si haut.

Elle se tourna vers ses amis.

— Il nous faut un plan, comme les autres. Ils sont en train de faire des plans en secret. Quel est notre plan ?

La langue de F-F-Foxy pendait sur le côté gauche de sa bouche, et deux crocs apparurent. Le battement de cœur de la marmotte s'accéléra. *Boum-boum, boum-boum, boum-boum.* Elle baissa les yeux et répéta dans sa tête la règle du sport : *Ne pas manger d'autres animaux la nuit.*

— Le plan est de courir jusqu'à la f-f-falaise et de grimper, dit F-F-Foxy.

Henri Le Lièvre dit :

— Oui. On va courir et commencer à grimper. Et, l'un d'entre nous va atteindre un œuf, non ?

— Non, dit Magali. Il nous faut un meilleur plan.

Les garçons la regardèrent, les yeux grands ouverts.

The boys looked at her with wide eyes. 'Do you have a better plan, Squealer?'

'No.'

'Keeeeeeeeeek kiki kak!' laughed a voice from high above in the distance. 'No Plan Losers! No Plan Losers! Keeeeeeeeeek kiki kak!'

Magali swung her head up, looking up for the voice. 'Who are you? Show yourself!' she shouted, searching the air.

'Keeeeeeeeeek kiki kak!' laughed the voice. 'Who? Who? Boo! Boo! Keeeeeeeeeek kiki kak!'

— Alors, tu as un meilleur plan, chaton ?

— Non.

Une voix, très haut dans le ciel, cria :

— Keeeeeeeek kiki kak ! Pas de plan pour Les Losers ! Pas de plan pour Les Losers ! Keeeeeeeek kiki kak !

Magali leva la tête à la recherche de la voix.

— Qui es-tu ? Montre-toi ! cria-t-elle en cherchant dans l'air.

— Keeeeeeeek kiki kak ! dit la voix en riant. Qui ? Qui ? Hou ! Bouh ! Keeeeeeeek kiki kak !

Chapter 4
Little Guys Event

A million stars twinkled, and the night air became charged with energy. Boar, weasels, rabbits, deer, foxes, hare, and hedgehogs looked up to the ledge and the eggs.

Four large blackbirds flew in. They tapped the cliff with their orange beaks. *Tap! Tap! Tap! Tap! Tap! Tap! Tap! Tap!*

The competitors stopped talking. All became silent.

Bruno The Italian Stag paraded in front of the cliff, waving his huge wooden horns about. Smiling, he shouted, '*Benvenuti!* Welcome to our Rock-Climbing Invitation!'

Chapitre 4
Événement Petits Gars

Un million d'étoiles scintillaient et l'air nocturne se chargeait d'énergie. Des sangliers, des belettes, des lapins, des chevreuils, des renards, des lièvres et des hérissons levaient les yeux vers le rebord et les œufs.

Quatre grands merles volèrent. Ils tapotaient sur la falaise avec leurs becs orange.

Tap ! Tap ! Tap ! Tap ! Tap ! Tap ! Tap ! Tap !

Les compétiteurs cessèrent de parler. Tout devint silencieux.

Bruno Le Cerf Italien défila devant la falaise en agitant ses énormes cornes en bois. Souriant, il cria :

— *Benvenuti* ! Bienvenue à notre invitation à l'escalade !

Boar, weasels, rabbits, deer, hedgehogs, foxes, and hare jumped, cheered, and waved.

'Glad to be here!'

'Wouldn't miss it!'

'Yippee!'

'Thanks!'

'*Grazie!*

'Happy to be here, Man!'

Bruno The Italian Stag continued. 'The Little Guys event is very simple. Each team must race up the cliff face, any way they can. They must get an orange egg from the ledge. There are ten teams. There are ten eggs. Look!' He nodded up to the ledge where ten orange eggs lay spread out. 'There are no rules to this game. Because, we are in *Italia*!'

The Italian hare, boar, weasels, rabbits, deer, and foxes jumped up and down, shouting, '*Viva Italia! Viva Italia!*

Les sangliers, les belettes, les lapins, les chevreuils, les hérissons, les renards et les lièvres sautèrent, applaudirent et saluèrent.

— Heureux d'être ici !

— Je n'aurais pas manqué ça !

— Youpi !

— Merci !

— *Grazie !*

— Heureux d'être là, mec !

Bruno Le Cerf Italien poursuivit :

— L'événement Les Petits Gars est très simple. Chaque équipe doit courir jusqu'à la falaise. Par tous les moyens possibles, ils doivent récupérer un œuf orange sur le rebord. Il y a dix équipes. Il y a dix œufs. Regardez !

Il fit un signe de tête vers le rebord sur lequel dix œufs orange étaient répartis. Il dit :

— Il n'y a pas de règles à ce jeu. Parce que nous sommes en Italie !

Les lièvres, les sangliers, les belettes, les lapins, les chevreuils et les renards italiens sautaient de haut en bas en criant :

— *Viva Italia ! Viva Italia !*

Bruno The Italian Stag continued, 'The only rule, which is not a rule, but you know, like a rule, is that no ibex, chamois, eagles, owls, or any birds, are allowed in this Little Guys Event. That is all. Okay? So, please get into your teams. We are about to begin!'

The spotty deer pranced in front of Magali's team. They said, 'Don't break any bones, little guys!'

Saliva dripped from Little Foxy's mouth.

Grrrrrrrrrrrrrrrrrrrrrrrr.

The deer scattered.

Puppy Bébé put his heavy paw on the fox. 'Be cool, Bro. Nighttime sports rules. Be cool.'

Little Foxy shook the fur on his body. Shake shake shake.

Henri Le Hare pumped his muscle-free arms in the air. 'Let's do this!'

Magali looked around at the other teams.

Bruno Le Cerf Italien continua :

— La seule règle, qui n'est pas vraiment une règle, mais un peu comme une règle, est qu'aucun bouquetin, chamois, aigle, hibou ou autre oiseau n'est autorisé à participer aux Petits Gars. C'est tout. D'accord ? Alors, s'il vous plaît, regagnez vos équipes. Nous sommes sur le point de commencer !

Les chevreuils tachetés se pavanèrent devant l'équipe de Magali. Ils dirent :

— Ne vous cassez pas les os, les petits !

De la salive s'écoula de la bouche de Little Foxy.

— *Grrrrrrrrrrrrrrrrrrrrrrrr.*

Les chevreuils s'enfuirent.

Puppy Bébé posa sa patte sur le renard.

— Calme-toi, frèro. Les règles du sport nocturne. Reste cool.

Little Foxy secoua la fourrure de son corps. Secoue, secoue, secoue.

Henri Le Lièvre leva ses bras sans muscles en l'air.

— Allons-y !

Magali regarda les autres équipes. Elle dit :

— J'ai une idée. Quand ce sera le moment, pourquoi

'I have an idea,' she said. 'When it's time, why don't we hang back and wait, just for a minute, to see what the other teams do first?'

'Hang back and wait? Are you crazy, Squealer? Why don't we just let them win?'

'But we have no plan!' Magali's eyes grew wide with frustration.

'The plan is to run and climb!' said the hare.

'But we don't climb rock faces!'

'We do now!'

'Please!' Magali begged. 'We need to see what the other teams are doing.' The marmot's black eyes pleaded.

F-F-Foxy took a deep breath. 'Thirty seconds. We wait thirty seconds to see what approach the others take, and then we go.'

Mishka nodded. Puppy Bébé nodded. So did Little Foxy.

Everyone looked at Henri Le Hare.

ne pas rester en arrière et attendre, juste une minute, pour voir ce que les autres équipes vont faire en premier ?

— Rester en arrière et attendre ? Tu es folle, Jelly Belly ? Alors, pourquoi ne pas les laisser gagner, eh ?

Les yeux de Magali s'écarquillèrent de frustration.

— Mais on n'a pas de plan !

— Le plan c'est de courir et de grimper ! dit le lièvre.

— Mais on n'a pas l'habitude d'escalader les rochers !

— D'ici, si !

La marmotte supplia :

— Pitié ! On doit observer ce que font les autres équipes.

Les yeux noirs de la marmotte les imploraient.

F-F-Foxy prit une profonde inspiration.

— Trente secondes. On attend trente secondes pour voir quelle approche les autres adoptent, puis on y va.

Mishka hocha la tête. Puppy Bébé hocha la tête. Ainsi que Little Foxy.

Ils regardèrent tous Henri Le Lièvre.

'Not a second longer!' said the hare, holding up his paw.

The blackbirds hovered by the rock wall. *Tap! Tap! Tap! Tap! Tap! Tap! Tap! Tap!*

Everyone stopped talking.

Bruno The Italian Stag shouted, 'Remember to be safe! We have our medical eagles on standby if we need them.'

Four black and white eagles flew above the crowds in circles. The competitors on the ground cheered.

'Thanks, Eagles!'

'You guys are the best!'

'You've got our backs!'

'Cheers, Dudes!'

The Italian weasels clapped their paws. '*Bravo, aquile! Bravo!*'

Magali wiped the sweat which had suddenly appeared on her brow.

— Pas une seconde de plus ! dit le lièvre en levant sa patte.

Les merles planaient près de la paroi rocheuse.

Tap ! Tap ! Tap ! Tap ! Tap ! Tap ! Tap ! Tap !

Tout le monde cessa de parler.

Bruno Le Cerf Italien cria :

— N'oubliez pas d'être prudents ! Nous avons nos aigles médicaux en attente si nous en avons besoin.

Quatre aigles noir et blanc planaient au-dessus de la foule.

Sur le terrain, les compétiteurs applaudissaient.

— Merci, les aigles !

— Vous êtes les meilleurs !

— Vous veillez sur nous !

— Merci, les gars !

Les belettes italiennes tapaient dans leurs pattes.

— *Bravo, aquile ! Bravo !*

Magali essuya la sueur qui était apparue soudainement sur son front.

Mishka fit un pas vers son amie et murmura :

Mishka took a step closer to Magali. He whispered, 'Nighttime Sports Rules. No Eating Other Animals, remember?'

Magali nodded, taking deep breaths in and out.

Henri Le Hare spun around in circles. He held his paw up for a group high five. He said, 'Let's show those stupid deer what winning looks like!'

Bruno The Italian Stag pranced back and forth in front of the crowd. He shouted over the laughing and chattering. 'Good luck, my friends! And remember to have fun! This is *Italia*, after all!'

The Italian boar lifted their long snouts and snorted into the night air. Puffs of smoke escaped their nostrils. The Italian weasels danced in a circle. The Italian rabbits wiggled their pompom tails, and the Italian foxes kissed each other.

Bruno The Italian Stag waved his magnificent dead-tree horns around. He shouted into the crowd, '*Viva Italia!*'

— Règles du sport nocturne. *Ne pas manger d'autres animaux*, tu te souviens ?

La petite marmotte acquiesça en prenant de profondes inspirations et expirations.

Henri Le Lièvre tournait en rond. Il leva sa patte pour donner des checks et dit :

— On va montrer à ces stupides chevreuils ce à quoi ressemble la victoire !

Bruno Le Cerf Italien se pavanait d'avant en arrière devant la foule. Il cria par-dessus les rires et les bavardages :

— Bonne chance, mes amis ! Et n'oubliez pas... amusez-vous bien ! C'est l'Italie, après tout !

Les sangliers italiens levèrent leurs longs museaux et reniflèrent l'air nocturne. Des bouffées de fumée s'échappèrent de leurs narines.

Les belettes italiennes dansèrent en cercle.

Les lapins italiens agitèrent leurs queues en pompon, et les renards italiens s'embrassèrent.

Bruno Le Cerf Italien agita ses magnifiques cornes d'arbre mort. Il cria à la foule :

— *Viva Italia !*

Tous les animaux, y compris les Français,

All the animals, including the French, shouted back, '*Viva Italia!*'

Magali was a second behind everyone. She shouted at the top of her lungs, '*Viva Italia!*' Everyone turned to look at her. A wave of red flushed from her neck all the way to the top of her head.

'Now we begin!' The big stag made his way to the side, leaving the cliff face empty and ready for the competitors. He took a deep breath and shouted, 'One... Two... Three... Go!'

Magali held the hare, the foxes, the puppy, and the rabbit back. 'Thirty seconds. Wait!'

The other teams attacked. The spotty deer raced to the cliff wall, and the rabbits hopped up onto their backs. They started bouncing on the deer's backs, trying to hop higher and higher up the cliff.

'Oh, those sneaky so-and-so's!' Henri Le Hare gasped, watching them.

répondirent :

— *Viva Italia !*

Magali, avec une seconde de retard, cria à tue-tête :

— *Viva Italia !*

Tout le monde se retourna pour la regarder. Une vague de rougeur apparut de son cou jusqu'au sommet de sa tête.

Le grand cerf se dirigea vers le côté, laissant de l'espace libre pour les compétiteurs.

— Et maintenant, on commence !

Il prit une profonde inspiration et cria :

— Un... Deux... Trois... *Go !*

Magali retint le lièvre, les renards, le chiot et le lapin. Elle dit :

— Trente secondes. On attend !

Les autres équipes attaquèrent. Les chevreuils tachetés coururent vers la paroi de la falaise, et les lapins sautèrent sur leur dos. Ils commencèrent à rebondir sur le dos des chevreuils, essayant de sauter de plus en plus haut sur la falaise.

Henri Le Lièvre murmura en les regardant :

— Oh, ces petits malins !

To the right of the deer, the stocky sergeant boar stood at the cliff face. His army of hedgehogs marched to him and climbed up his leg, and onto his back. Then, one by one, they climbed on top of each other, making a growing tower of hedgehogs.

Little Foxy laughed at the slow-moving hedgehogs. 'They're going to be here till Christmas! Hee hee hee!'

Further right, the fox team had run towards the cliff and leaped onto it. Their paws grabbed onto the rock, and they tried to haul their bodies up.

'They're climbing up. Look!' F-F-Foxy pointed. Just as he said it, the fox at the top fell off the cliff.

'Wooooooaaaaaah!' The fox hit the ground. *Thump!*

The second fox fell too. 'Wooooooaaaaaah!' *Thump!*

Then, a third fox fell.

À la droite des chevreuils, le militant sanglier trapu se tenait à la paroi de la falaise. Son armée de hérissons défilait vers lui et grimpait sur sa jambe, puis sur son dos. Puis, un par un, ils grimpaient les uns sur les autres, formant une tour de hérissons.

Little Foxy se moqua des hérissons qui se déplaçaient lentement.

— Ils vont être là pour Noël ! Hi hi hi !

Plus à droite, l'équipe des renards avait couru vers la falaise et avait sauté dessus. Leurs pattes s'agrippaient à la roche, et ils essayaient de hisser leurs corps vers le haut.

F-F-Foxy montra du doigt.

— Ils grimpent. Regarde !

Au même moment, un renard en haut tomba de la falaise.

— Waaaoouuuuh !

Le renard heurta le sol. *Patatras !*

Puis, un deuxième renard tomba.

— Waaaoouuuuh !

Patatras !

Puis, un troisième renard.

'Wooooooaaaaaah!' *Thump!*

The next team across was the weasel team. They had the same idea as the hedgehogs. They were climbing up and over each other to make a weasel pyramid.

'Gonna take them too long,' bubbled Puppy Bébé.

Next along was a team of boar, fox, and lizards. The boar, standing back from the cliff, picked up a lizard, and threw him to the fox. With his paws together like he was holding an imaginary bat, the fox whacked the flying lizard up into the air, onto the rock wall. *Fling!*

The first lizard flew up high, near the ledge. He landed hard on the rock face.

'Oh!' Magali gasped, seeing how close the lizard was to the ledge and the egg.

The stunned lizard's eyes blinked, and he fell back from the wall, down to the ground. He landed. *Thump!*

The boar yelled to his fox mate. 'Not so hard, Marco! You knocked him out!' The boar picked up another lizard.

'Wait!' screamed the little lizard.

— Waaaoouuuuh !

Patatras !

Ensuite, ce fut le tour des belettes. Elles avaient la même idée que les hérissons. Elles grimpaient les unes sur les autres pour faire une pyramide de belettes.

— Ça va leur prendre trop de temps, bouillonna Puppy Bébé.

Ensuite, il y avait une équipe de sangliers, de renards et de lézards. Le sanglier, qui se tenait un peu loin de la falaise, ramassa un lézard et le jeta au renard.

Avec ses pattes jointes comme s'il tenait un bâton de baseball, le renard frappa le lézard volant en direction de la paroi rocheuse. *Paf !*

Le lézard s'envola très haut vers le rebord. Il atterrit brutalement sur la paroi rocheuse. *Vlan !*

— Oh ! s'exclama Magali en voyant à quel point le lézard était proche du rebord et de l'œuf.

Le lézard stupéfié cligna des yeux et tomba du mur, au sol. *Patatras !*

Le sanglier cria à son compagnon le renard :

— Pas si fort, Marco ! Tu l'as assommé !

Le sanglier ramassa un autre lézard.

— Attends ! cria le petit lézard.

Basil The Boar didn't wait. He flung the lizard to the fox, who then batted him up onto the cliff. *Smack!* The second lizard landed too hard. He slid down the cliff. *Thump!* He landed at the bottom.

Other teams, further to the left, were climbing up the rock, holding on to cracks in the wall. But, as soon as they got close to the ledge, they fell back onto the ground. *Thump!*

Henri Le Hare, with his eyes glued to the wall, rubbed his paws together. 'Time to go! Time to win!'

F-F-Foxy jumped up and down. 'Let's do this!'

Little Foxy chased his tail. 'Bring it on!'

Puppy Bébé's tail wagged. 'We've got this!'

Mishka's blue eyes shone through his glasses. 'We are going to win!'

Magali rubbed the bald patch on her bottom. 'I'm not sure about this.'

Basil Le Sanglier n'attendit pas. Il jeta le lézard à Marco, qui le lança vers la falaise comme une balle de baseball. *Vlan !* Le deuxième lézard atterrit trop fort, et glissa le long de la falaise et arriva au sol. *Splaf !*

D'autres équipes, plus à gauche, grimpaient sur la roche et s'accrochaient aux fissures du mur. Mais, dès qu'ils se furent approchés du rebord, ils tombaient au sol. *Patatras !*

Henri Le Lièvre, les yeux rivés sur le mur, se frotta les pattes.

— Faut y aller ! C'est l'heure de gagner !

F-F-Foxy sauta de haut en bas.

— C'est parti !

Little Foxy chassa après sa queue.

— On y va !

La queue de Puppy Bébé s'agita.

— C'est pour nous !

Les yeux bleus de Mishka brillaient à travers ses lunettes.

— On va gagner !

Magali frotta la tache chauve sur ses fesses.

— J'ai des doutes.

Henri Le Hare pushed her forward. 'Squealer, trust me. Nothing could be more sure.'

'Keeeeeeeeeek kiki kak!' laughed a voice from the treetops in the distance. 'Danger Time! Danger Time! Keeeeeeeeeek kiki kak!'

Ignoring the tree-voice, Henri Le Hare gave the orders. 'Puppy Bébé, you make the base, okay? Then, F-F-Foxy you get on his back. Little Foxy, you get onto F-F-Foxy's back. I'll get on your back. Mishka, you get onto mine. Magali, you climb up over all of us, and get that orange egg. Got it?'

Magali started to sweat. 'Why do I have to be the one?'

'Because look at your claws. They will dig into the cracks and pull you up.'

'But... I'm the fattest!' said Magali.

Little Foxy nodded. 'That's true. She's pretty fat.' His hungry eyes looked at her juicy, round bottom.

Henri Le Lièvre la poussa en avant.

— Jelly Belly, fais-moi confiance. Rien n'est plus sûr.

— Keeeeeeeek kiki kak ! rit une voix venant de la cime des arbres au loin. L'heure du danger ! L'heure du danger ! Keeeeeeeek kiki kak !

Ignorant la voix dans les arbres, Henri Le Lièvre donna des ordres.

— Puppy Bébé, tu es notre base, d'accord ? Ensuite, F-F-Foxy, tu montes sur son dos. Little Foxy, tu montes sur le dos de F-F-Foxy. Je me mets sur ton dos. Mishka, tu montes sur le mien. Magali, tu grimpes par-dessus nous tous, et tu prends l'œuf orange. C'est compris ?

Magali commença à transpirer.

— Pourquoi c'est à moi de prendre l'œuf ?

— Parce que, regarde tes griffes. Elles vont s'enfoncer dans les fissures et tu pourras te relever.

— Mais... je suis la plus grosse ! s'exclama la marmotte.

Little Foxy acquiesça.

— C'est vrai. Elle est grosse.

Ses yeux affamés regardèrent les fesses rondes et appétissantes de la marmotte.

F-F-Foxy thumped his brother. *Bof!*

Henri Le Hare said to Magali, 'You've got this, Squealer. Come on! Just do it!'

Puppy Bébé's tail wagged. He looked up to the moon and howled.

Aaaaaaaaaooouuuuuuuuuuuuuuuuuuuuuuuuuuuu!!

The brother foxes howled too.

Aaaaaaaaaooouuuuuuuuuuuuuuuuuuuuuuuuuuuu!!

The spotty deer yelled over, 'Shut up!'

'You shut up!' said Little Foxy, creeping towards them.

Puppy Bébé pulled his friend back. 'Be cool, Bro. It's nighttime.'

Little Foxy pointed to the hopping rabbits on the deer's backs. 'Ha ha ha! Looks like Jo-Jo-Jumper can't jump high enough! Ha ha ha!'

One of the hopping rabbits looked across at Little Foxy. Sweat dripped from her forehead and her ears flopped as she pushed up on her hind legs, over and over again, trying to reach the ledge.

F-F-Foxy frappa son frère. *Bof !*

Henri Le Lièvre dit à Magali :

— Tu peux le faire, chaton. Allez, vas-y ! Fais-le !

Puppy Bébé remua sa queue. Il leva les yeux vers la lune et hurla.

— *Aaaaaaaaaooouuuuuuuuuuuuuuuuuuuuuuuuuuuu !*

Les frères renards hurlèrent aussi.

— *Aaaaaaaaaooouuuuuuuuuuuuuuuuuuuuuuuuuuuu !*

Un chevreuil tacheté cria :

— Taisez-vous !

— Vous, taisez-vous ! cria Little Foxy en rampant en leur direction.

Puppy Bébé fit reculer son ami.

— Reste cool, frèro. On est en truc sportif.

En notant les lapins qui sautaient sur le dos des chevreuils, Little Foxy montra du doigt et rit.

— Aha ha ha ! On dirait que Sau-Sau-Sautie ne peut pas sauter assez haut ! Aha ha ha !

Une lapine sauteuse regarda Little Foxy. De la sueur coulait de son front et ses oreilles tombaient tandis qu'elle poussait avec ses pattes arrière, encore et

Little Foxy swung his head around, ready to laugh at the hedgehogs, but he gasped when he saw how much they had progressed. 'No! The hedgehogs! Quick! Let's get going!'

At the rock wall, F-F-Foxy jumped onto Puppy Bébé. Little Foxy climbed up over Puppy Bébé, and onto his brother's back. Henri Le Hare scrambled up over the three of them.

'Careful! You nearly poked my eye out!' said F-F-Foxy as the hare's foot pushed against his face.

'As if!'

'You did!'

'Sorry.' Once on top, the hare waved the rabbit up. 'Come on, Mishka!'

Mishka's pompom tail wiggled. He reached for the puppy's fur to pull himself up. He climbed up the puppy, the fox, the brother fox, and finally on top of the skinny hare. He reached the top and swayed back and forth. 'Wooooooaaaaaah!'

encore, pour essayer d'atteindre le rebord.

Ensuite, Little Foxy tourna la tête, prêt à se moquer des hérissons, mais il sursauta quand il vit à quel point ils avaient progressé.

— Non ! Les hérissons ! Vite ! On y va !

Devant le mur, F-F-Foxy sauta sur Puppy Bébé. Little Foxy grimpa sur Puppy Bébé et puis sur le dos de son frère. Henri Le Lièvre grimpa par-dessus les trois.

— Attention ! Tu as f-f-failli m'arracher un œil, cria F-F-Foxy lorsque le pied du lièvre s'appuya contre son visage.

— Comme si !

— Si, tu l'as f-f-fait !

— Désolé.

Puis, le lièvre fit signe au lapin de monter.

— Viens, Mishka !

Mishka agita sa queue en pompon. Il attrapa la fourrure du chiot pour se hisser. Il grimpa sur le chiot, le renard, le frère renard, et enfin sur le lièvre maigre. Il atteignit le sommet des animaux et se balança d'avant en arrière.

— Waaaaaaooouuuuuh !

Henri Le Hare grabbed his leg. 'I've got you. Steady! Steady!'

Mishka regained his balance and knelt on all fours. He looked down to the ground. 'Magali! Your turn!'

Magali's heart beat fast. *Boom-boom, boom-boom, boom-boom.*

Little Foxy glanced over to the boar and hedgehog tower. 'Hurry, Magali! Those sneaky hedgehogs are faster than I thought! Hurry!'

Magali touched the bald patch on her bottom as she looked from the top where Mishka was, down to the hard mountain ground.

'Squealer, what are you waiting for? An invitation? Get your patchy behind up here!' Henri Le Hare ordered.

'Keeeeeeeeeek kiki kak!' laughed a voice from way up above. 'Chicken marmot! Chicken marmot! Keeeeeeeeeek kiki kak!'

Le lièvre attrapa sa jambe.

— Je te tiens. Garde ton équilibre ! Doucement !

Le lapin retrouva son équilibre et se mit à quatre pattes. Il regarda en bas.

— Magali ! À ton tour !

Le cœur de la petite marmotte battait vite. *Boum-boum, boum-boum, boum-boum.*

Little Foxy jeta un coup d'œil à la tour du sanglier et les hérissons.

— Dépêche-toi, Magali ! Ces sournois hérissons sont plus rapides que je ne le pensais ! Dépêche-toi !

Magali toucha la tache chauve sur ses fesses en regardant en haut, où se trouvait Mishka. Puis, elle regarda le sol dur de la montagne.

— Chaton, qu'est-ce que tu attends ? Une invitation ? Amène ton derrière chauve ici ! ordonna le lièvre.

— Keeeeeeeeek kiki kak ! ricana une voix tout en haut. Marmotte poule mouillée ! Marmotte poule mouillée ! Keeeeeeeek kiki kak !

Chapter 5
Orange Eggs

F-F-Foxy scrunched up his face. 'Ouch! My ear!'

Magali pulled her body up and over the fox. 'Sorry.'

'Yowzer! Your claws are sharp!' Little Foxy winced.

'Sorry.' Magali continued to climb up.

'Dude! My head!' Henri Le Hare said.

Chapitre 5
Les Œufs Orange

F-F-Foxy fronça le visage.

— Aïe ! Mon oreille !

Magali se redressa et grimpa par-dessus le renard.

— Désolée, dit-elle.

Puis, Little Foxy grimaça.

— Aïe aïe ! Tes griffes sont acérées !

— Désolée.

La marmotte continua à grimper.

Henri Le Lièvre dit :

— Chaton ! Ma tête !

'Sorry.'

'Watch out for my glasses!' Mishka turned his face away.

The marmot scrambled up and onto Mishka's back. Once she found her balance, she slowly looked down to the ground.

Spectating animals danced below, shouting encouragements to their favourite teams.

'Come on, Deer! You can do it!'

'Go, Hedgehogs. Go!'

'Jump higher, Rabbits!'

'Weasel Power!'

'Hare Hare! Keep trying!'

'Doing great, Hedgehogs!'

Squawk! A blackbird flew right past Magali's face and she stumbled, nearly losing her balance. She made Mishka nearly lose his balance, too.

'Watch it!' said the rabbit, rocking back and forth.

'Sorry!'

— Désolée.

Mishka détourna le visage en disant :

— Attention à mes lunettes !

La marmotte rampa sur le dos de son ami lapin. Une fois son équilibre trouvé, elle regarda lentement vers le bas.

Les animaux spectateurs en bas étaient en train de danser et de crier des encouragements à leurs équipes favorites.

— Allez, Les Chevreuils ! Vous pouvez le faire !

— Allez Les Hérissons. Allez !

— Sautez plus haut, Les Lapins !

— Le pouvoir des Belettes !

— Lièvres, lièvres ! Continuez !

— C'est bien, Les Hérissons !

Cui-cui ! Un merle vola droit devant le visage de Magali qui trébucha et faillit perdre l'équilibre. Mishka aussi faillit perdre l'équilibre.

— Attention ! dit le lapin en se balançant d'avant en arrière.

— Désolée !

Henri Le Hare called up. 'Reach up, Squealer! Can you touch it?'

Standing on Mishka's back, Magali slowly turned around to face the rock wall. She looked up. The ledge and orange egg were within her sight. She slowly stood on her tiptoes.

Mishka's face scrunched up as the marmot's claws gripped on to his fur. 'Your claws!'

'Sorry.' Magali released her grip a little. She took a couple of deep breaths, then stretched up again. Her paw touched the rock, but she couldn't reach the ledge. She stretched again, as much as she could. Her tummy rubbed against the cold rock as she tried to reach.

'Can you get it?' F-F-Foxy called out. 'Hurry up! You're heavy!'

'I can't reach it!' said Magali.

'Climb up!' called Henri Le Hare.

'What?!'

'Climb up the rock!'

Henri Le Lièvre cria :

— Tends la main, chaton ! Tu arrives à le toucher ?

Debout sur le dos de Mishka, la petite marmotte se retourna lentement pour faire face à la paroi rocheuse. Elle regarda en haut. Le rebord et l'œuf orange étaient à sa vue. Elle se mit lentement sur la pointe des pieds.

Le visage de Mishka se fronça lorsque les griffes de la marmotte s'accrochèrent à sa fourrure.

— Tes griffes !

— Pardon, dit la marmotte en relâchant un peu sa prise.

Magali prit de grandes respirations et se tendit à nouveau. Sa patte toucha le rocher, mais elle n'arrivait pas à atteindre le rebord. Elle s'étira à nouveau, autant qu'elle le put. Son ventre frottait contre la roche froide alors qu'elle essayait de l'atteindre.

F-F-Foxy appela :

— Tu y arrives ? Dépêche-toi ! Tu es lourde !

— Je ne peux pas l'atteindre ! dit Magali.

— Grimpe ! cria le lièvre.

—Mais ! Quoi ?

— Grimpe sur le rocher !

'I don't think I can do... '

'Just do it, Squealer!'

Magali bit her bottom lip and looked up to the ledge. It wasn't that much further. She just had to find places in the rock to grip on to. She reached up and felt for something to grab onto. Finally, she found a crack in the rock. She sunk her claws into the hard rock and used all the muscles in her arms to lift her fat, furry body up. Her left foot searched around for a crack to grip on to, and she found one. Taking a deep breath, she took the plunge and lifted her other foot from the safety of Mishka's back, then felt around for a crack in the wall. She found one and clung onto the side of the rock. She was completely on her own now. Sweat poured from her brow, and her heart pounded.

Spectating animals below pointed up.

'Oooooooh! Look!'

'She's climbing!'

'She's high up!'

'Wow! She's going to get the egg!'

'She's nearly there!'

— Je ne pense pas que je puisse le faire...

— Fais-le, chaton !

Magali se mordit la lèvre inférieure et regarda le rebord. Ce n'était pas très loin. Elle devait juste trouver des endroits dans la roche pour s'y accrocher. Elle s'étira et chercha où s'accrocher. Finalement, elle aperçut une fissure.

Elle enfonça ses griffes dans la roche et utilisa tous les muscles de ses bras pour soulever son corps gras et poilu. Son pied gauche chercha une autre fissure à laquelle s'accrocher, et en trouva une. Prenant une profonde inspiration, la marmotte souleva son autre pied loin de la sécurité du dos de Mishka, en cherchant une autre fissure dans le mur. Elle en trouva une, et s'accrocha à la roche. Elle était maintenant complètement seule, séparée du groupe. La sueur coulait de son front, et son cœur battait la chamade.

Les animaux spectateurs en bas pointaient vers le haut.

— Oooooooh ! Regarde !

— Elle grimpe !

— Elle est très haut !

— Waouh ! Elle va attraper l'œuf !

— Elle y est presque !

'They're going to win!'

'She's going to do it!'

'She's close!'

Mishka had felt Magali's weight leave his back. He looked up and saw her fat bottom.

'Aaaaaaaaaaaaaaaah-chooooooooooooooooooo!' Henri Le Hare sneezed so loudly and with such force that he pushed Mishka up into the air. Then, the rabbit fell to the ground. *Crash!*

'Aaaaaaaaaaaaaaaah-chooooooooooooooooooo!' The hare sneezed again, knocking Little Foxy, underneath him, off balance. They both tumbled down. 'Woooooahhhhh!' As they fell, they knocked F-F-Foxy off.

Thump! Thump! Thump! The three landed in a heap, next to Mishka.

'Ouch!' F-F-Foxy rubbed his head. 'Man, why did you sneeze?'

The hare jumped up, rubbing his shoulder.

— Ils vont gagner !

— Elle va le faire !

— Elle est proche.

Mishka avait senti le poids de Magali quitter son dos. Maintenant, il leva les yeux et vit le gros derrière de son amie.

— Atchouuuuuuuum ! éternua Henri Le Lièvre avec une telle force qu'il poussa Mishka en l'air.

Le lapin tomba au sol. *Patatras !*

— Atchouuuuuuuum !

Le lièvre éternua de nouveau, déséquilibrant Little Foxy qui se trouvait en dessous de lui. Ils tombèrent tous les deux.

— Houlaaaaaaa !

En tombant, le lièvre et le renard firent tomber F-F-Foxy.

Les trois atterrirent en tas, à côté de Mishka. *Splaf ! Badaboum ! Patatras !*

F-F-Foxy se frotta la tête.

— Aïe ! Mec, pourquoi tu as éternué ?

Le lièvre se leva d'un bond, se frottant l'épaule.

'I couldn't help it!'

'Sure you could!'

'No, I couldn't!'

Little Foxy got up and shook out his fur. Shake shake shake.

The spectating animals were still pointing up at Magali, who was stuck on the cliff.

Henri Le Hare looked up and shouted. 'Not much further, Squealer! You can do it!'

F-F-Foxy put his paws to his mouth and shouted, 'Straight ahead of you, and to the left a little bit!'

Little Foxy looked up at Magali's bottom. He shouted, 'That is one tasty-looking bald patch you have! Ha ha ha!'

Bof! F-F-Foxy whacked his little brother over the head.

Clinging onto the cliff, Magali gasped. Her face flushed hot as she remembered her bald patch. Even more fur had fallen out when they fell down the crevice. It was now the size of six cherries!

The crowd pointed up to the marmot's bottom.

— Je n'ai pas pu m'en empêcher !

— Bien sûr que tu pouvais !

— Non, je n'ai pas pu !

Little Foxy se leva et secoua sa fourrure. Secoue, secoue, secoue.

Les animaux spectateurs pointaient toujours vers Magali, qui était sur la falaise.

Henri Le Lièvre leva les yeux et cria :

— Tu y es presque, chaton ! Tu peux le faire !

F-F-Foxy porta ses pattes à sa bouche et cria :

— Tout droit devant toi, et un peu à gauche !

Little Foxy regarda le derrière de Magali. Il cria :

— Tu as une belle tache chauve ! Aha ha ha !

Paf ! F-F-Foxy donna un coup sur la tête de son petit frère.

Accrochée à la falaise, Magali haleta. Son visage devint rouge en se souvenant de sa tache chauve. Encore plus de fourrure était tombée quand ils avaient chuté dans la crevasse. Maintenant, sa tache chauve était de la taille de six cerises.

La foule montra du doigt le derrière de la marmotte.

'It's true! She has a bald patch!'

'Look!'

'Where?'

'Her bottom!'

'Oh yeah! Ha ha ha!'

Magali's black almond-shaped eyes darted left and right. She tried to turn around to hide her bottom, but there was no way. She was stuck, with her big fat bottom and bald patch on display, for all to see.

The spectators started chanting, 'Go, Baldy! Go, Baldy! Go, Baldy!'

Little Foxy chanted the loudest. 'GO, BALDY! GO, BALDY! GO, BALDY!'

Whack! F-F-Foxy kicked his brother's knee. Little Foxy yelped and jumped on his brother's back. F-F-Foxy twirled around and around, trying to shake his brother off, but the younger fox gripped on. F-F-Foxy slammed Little Foxy against the rock face. *Slam!* Little Foxy slid to the ground, but as he did, he grabbed his brother's foot and bit it. F-F-Foxy jumped and landed with his full weight on his brother. *Boom!*

— C'est vrai ! Elle a une tache chauve !

— Regarde !

— Où ça ?

— Son derrière !

— Ah ouais ! Aha ha ha !

Les yeux noirs de Magali cherchaient de gauche à droite. Elle essayait de se retourner pour cacher ses fesses, mais c'était impossible. Elle était coincée, avec son gros derrière et sa tache chauve en évidence, à la vue de tous.

Les spectateurs commencèrent à scander :

— Vas-y, Chauvette ! Vas-y, Chauvette ! Vas-y, Chauvette !

Little Foxy chanta le plus fort.

— VAS-Y, CHAUVETTE ! VAS-Y, CHAUVETTE ! VAS-Y, CHAUVETTE !

Paf ! F-F-Foxy frappa son frère sur le genou. Little Foxy jappa et sauta sur le dos de son frère. F-F-Foxy tourna sur lui-même, essayant de se débarrasser de son frère, mais le jeune renard s'accrocha. F-F-Foxy plaqua Little Foxy contre la paroi rocheuse. *Bif !* Little Foxy glissa au sol, mais en même temps, il attrapa le pied de son frère et le mordit. F-F-Foxy sauta et atterrit de tout son poids sur son frère. *Bam !*

Henri Le Hare interrupted the foxes. Dudes! If you don't mind. We have a problem to attend to.'

The foxes straightened up and shook out their red fur. Shake shake shake.

The hare pointed up to the cliff. 'She's not moving.'

Mishka called up to his friend. 'Magali, what's the matter?'

Beads of sweat poured from Magali's entire body, including her paws. She felt that she was going to lose her grip any second. Her heart raced. *Boom-boom, boom-boom, boom-boom.*

'Magali!!!' Mishka called again.

The marmot didn't respond.

Mishka cupped his paws to his mouth and shouted, 'Magali! One tail wag means "yes," and two tail wags means "no." Can you hear me?'

The marmot's bushy tail wagged once.

Henri Le Lièvre interrompit les renards.

— Mes chatons ! Si vous le voulez bien. Nous avons un problème à régler.

Les renards se redressèrent et secouèrent leur fourrure rouge. Secoue, secoue, secoue.

Le lièvre pointa du doigt la falaise.

— Elle ne bouge pas.

Mishka appela son amie :

— Magali, qu'est-ce qu'il y a ?

De la sueur perlait sur tout le corps de Magali, y compris sur ses pattes. Elle sentait qu'elle allait perdre son emprise d'une seconde à l'autre. Son cœur s'emballait. *Boum-boum, boum-boum, boum-boum.*

Mishka appela à nouveau :

— Magali !!!

La marmotte ne répondit pas.

Mishka porta ses pattes à sa bouche et cria :

— Magali ! Un remuement de queue signifie "oui" et deux remuements de queue signifient "non". Tu m'entends ?

La queue touffue de la marmotte remua une fois.

Henri Le Hare shouted, 'Squealer, you're close! Just go up and get the egg!'

The marmot's bushy tail wagged twice.

Mishka yelled, 'Are you scared?'

The tail wagged once.

'Don't worry! We'll come and get you! Don't move!!'

A spectating weasel pointed to Mishka and said, 'Clown! He said, "Don't move!" Ha!'

The spectators started encouraging the marmot. They shouted up.

'You're nearly there!'

'Keep going!'

'Not far now!'

'You can do this!'

'Go, Baldy. Go!'

On the ground, five hedgehogs ran over Little Foxy's foot, to get to the boar. Their team, who had continued piling up one on top of the other all this time, were inching closer to the ledge with the eggs.

Henri Le Lièvre cria :

— Jelly Belly, tu n'es pas loin ! Vas-y. Prends l'œuf !

La queue touffue de la marmotte remua deux fois.

Mishka cria :

— Tu as peur ?

La queue remua une fois.

— Ne t'inquiète pas ! On vient te chercher ! Ne bouge pas !

Une belette spectatrice désigna Mishka et dit :

— Quel clown ! Il a dit "Ne bouge pas." Aha !

Les spectateurs commencèrent à encourager la marmotte. Ils crièrent :

— Tu y es presque !

— Continue !

— Tu n'es plus très loin !

— Tu peux le faire !

— Vas-y, Chauvrette. Vas-y !

Au sol, cinq hérissons coururent sur le pied de Little Foxy, pour atteindre le sanglier. Leur équipe, qui avait continué à s'empiler les uns sur les autres pendant tout ce temps, se rapprochait du rebord et des œufs.

A lot of teams, including the weasels, had already given up. 'Too hard!' Now, there were only four teams left: the hedgehog tower, the deer with the hopping rabbits, Magali's team, and the boar/fox/lizard team.

The boar picked up a green lizard and pitched him over to the fox, like a baseball. The fox whacked the flying lizard with both paws, up into the air. The lizard flew up the cliff face with his arms and legs spread out. He smacked into the side of the cliff. *Splat!* He fell to the ground. *Thump!*

'You batted too hard!' said the boar.

The fox waved for the boar to pitch another lizard. 'Sorry. Go again!'

The Italian weasels, hare, and rabbits shook their heads. They pointed to the boar/fox baseball team and waved their arms about. '*No! Ma que cosa?!*' They called for help. '*Ayuda! Ayuda! Ayuda!*'

Mais beaucoup d'autres équipes, y compris les belettes, avaient déjà abandonné.

— Trop dur !

Maintenant, il ne restait plus que quatre équipes : la tour des hérissons, les chevreuils avec les lapins sauteurs, l'équipe de Magali et l'équipe sanglier/renard/lézards.

Le sanglier ramassa un lézard vert et le lança vers le renard, comme une balle de baseball. Le renard frappa le lézard volant avec ses deux pattes. Le lézard s'envola vers le haut de la falaise, les bras et les jambes écartés. Il heurta le côté de la falaise. *Vlan !* Il tomba au sol. *Patatras !*

— Marco, tu as frappé trop fort, dit le sanglier.

— Désolé. On recommence !

Le renard fit signe au sanglier de lancer un autre lézard.

Les belettes, les lièvres et les lapins italiens secouèrent la tête. Ils désignèrent l'équipe de base-ball sanglier/renard et agitèrent leurs bras dans tous les sens.

— *Non ! Ma que cosa ?*

Ils appelèrent à l'aide.

— *Ayuda ! Ayuda ! Ayuda !*

Four medical eagles flew down, and hovered.

The spectators pointed to the boar who had just pitched a green lizard to the fox, who in turn had just batted him up the cliff with great force. The flying lizard was about to crash into the wall. The main eagle zoomed and caught the lizard just before he hit the rock. *Whooooosh!* He carried him in his talons, and gently dropped him on the ground. Then, he pointed his wing at the boar and fox. He shouted, 'Disqualified!'

The boar's little eyes grew wide. 'What?!!'

The fox held his paws up. 'That's not fair!'

'Disqualified!' repeated the eagle, fluffing his feathers. He hovered over the boar and fox.

The three other eagles flew down and hovered next to their colleague.

'Why?! There are no rules!' The fox yelled up to the eagles.

Quatre aigles médicaux s'envolèrent et se mirent à planer.

Les spectateurs montrèrent du doigt le sanglier qui venait de lancer un lézard vert au renard, qui à son tour venait de le balancer vers la falaise avec une grande force. Le lézard volant était sur le point de heurter le mur. L'aigle principal zooma et attrapa le lézard juste avant qu'il ne touche le rocher. *Whooooosh !* Il le porta dans ses serres et le déposa doucement par terre. Puis, il pointa son aile vers le sanglier et le renard, et cria :

— Disqualifiés !

Les petits yeux du sanglier s'écarquillèrent.

— Quoi !!!

Le renard leva ses pattes.

— Ce n'est pas juste !

— Disqualifiés ! répéta l'aigle en gonflant ses plumes.

Il plana au-dessus du sanglier et du renard.

Les trois autres aigles descendirent et se positionnèrent à côté de leur collègue.

Le renard cria aux aigles :

— Pourquoi ? Il n'y a pas de règles !

'Too dangerous!' the main eagle said.

The four eagles stretched out their yellow talons in a warning.

The boar and fox took one look at the razor-sharp talons and ran away.

The crowd called after them as they disappeared.

'Crazy!'

'*Loco!*'

'Nutters!'

'Who do you think you are?!'

'Lizard-haters!'

The eagles flew back to their observation branches, and the spectators praised them.

'Good job, Eagles!'

'*Bravo, aquile! Bravo!*'

'You're the best!'

'Well done!'

'Good call!'

Henri Le Hare looked around.

— Trop dangereux ! dit l'aigle principal.

Les quatre aigles tendirent leurs serres jaunes en signe d'avertissement.

En voyant les serres acérées, le sanglier et le renard s'enfuirent.

Les cris de la foule les poursuivirent alors qu'ils partaient.

— Des fous !

— *Locos !*

— Cinglés !

— Pour qui vous prenez-vous !

— Discriminateurs des lézards !

Les aigles retournèrent à leurs branches d'observation, et les spectateurs les félicitèrent.

— Bon travail, les aigles !

— *Bravo, aquile ! Bravo !*

— Vous êtes les meilleurs !

— Bien joué !

— La bonne décision !

Henri Le Lièvre regarda autour de lui.

'The only teams left are the hedgehogs, the deer and rabbits, and us!' He moonwalked back and forth, singing. *'We're the winners, spinners, rinky-do rin rin rin winners!'*

Puppy Bébé looked over to the sweaty, jumping rabbits. They were jumping lower and lower on the deer's backs. 'They look exhausted.'

F-F-Foxy looked up at the hedgehog tower. It was getting higher and higher. 'They're the ones to beat. How are we going to do this?'

Mishka blinked through his glasses. 'Er... uhm... what about Magali?'

The group looked up. Magali was still clinging to the side of the cliff, with her bald patch on show.

'We'll get her as soon as we get the egg,' said F-F-Foxy.

'We need to get her now!' Mishka's pompom tail wiggled at double speed.

— Les seules équipes restantes sont les hérissons, les chevreuils et les lapins, et nous !

Il fit le moonwalk d'avant en arrière en chantant :

— *Nous sommes les gagnants, les gagnants, les gagnants rinky-do rin rin rin !*

Puppy Bébé regarda les lapins en sueur qui sautaient. Ils sautaient avec moins en moins de force sur les dos des chevreuils.

— Ils ont l'air épuisés.

F-F-Foxy observa la tour des hérissons. Elle était de plus en plus haute.

— C'est eux qu'il f-f-faut battre. Comment on va f-f-faire ça ?

Mishka cligna des yeux à travers ses lunettes.

— Euh... hum... et Magali ?

Le groupe leva les yeux. La marmotte était toujours accrochée au bord de la falaise, avec sa tache chauve bien visible.

— On la récupérera dès qu'on aura l'œuf, dit F-F-Foxy.

La queue de Mishka remua à toute vitesse.

— Il faut qu'on la cherche maintenant !

'Yes, we will. As soon as we win. I have an idea.' Henri Le Hare called for his friends to huddle together. He whispered his plan.

The friends smiled, nodded, and high-fived each other.

A large crowd had gathered by the boar, looking up to the hedgehog tower.

'Come on, Hedgehogs!'

'You're going to win!'

'Go, Hedgehogs! Go!'

'You're nearly there!'

'This is it!'

'It's nearly finished!'

Henri Le Hare said, 'We have to do this *now!* Ready?'

Little Foxy and F-F-Foxy linked paws, and Henri Le Hare stepped onto their paws. The foxes moved their arms up and down, and the hare bounced up and down as if on a trampoline.

— Oui, nous le ferons. Dès que nous aurons gagné. J'ai une idée ; dit le lièvre.

Henri Le Lièvre demanda à ses amis de se rassembler. Il leur chuchota son plan.

Les amis sourirent, hochèrent la tête, et se firent des checks.

De nombreux spectateurs s'étaient rassemblés près du sanglier, regardant la tour des hérissons.

— Allez, les hérissons !

— Vous allez gagner !

— Allez les hérissons ! Allez-y !

— Vous y êtes presque !

— Voilà, continuez !

— C'est presque fini !

Henri Le Lièvre dit à ses amis :

— Il faut le faire maintenant ! Prêts ?

Little Foxy et F-F-Foxy joignirent leurs pattes. Le lièvre monta sur leurs pattes. Les renards agitaient leurs bras de haut en bas, et le lièvre rebondissait de haut en bas comme sur un trampoline.

'One... two... THREE!' The foxes catapulted Henri Le Hare high up in the air.

'Ooooooooooooooooooooh!' The crowd pointed to the flying hare.

Henri Le Hare flew straight past Magali's sweaty face. 'Hi, Squealer!' *Smack!* He landed high up against the rock and clung on as quickly as he could. He got to the ledge a second before the top hedgehog. The hare whipped the egg up in his paws, and flew back down, past Magali's stunned face. 'Hold on, Squealer!' he said as he fell. *Thump!* He landed on Puppy Bébé's cushiony body, and bounced off towards F-F-Foxy, who was linking arms with Little Foxy, ready to catch him. But the hare banged against F-F-Foxy's shoulder instead. *Thump!* Then he bounced onto Little Foxy. *Wham!* He knocked the foxes to the ground and landed on top of both of them. The hare sat on the foxes, dazed and bruised, but holding an orange egg.

The crowd went wild.

'The winners!'

'They did it!'

— Un... Deux... TROIS !

Les renards catapultèrent le lièvre en l'air.

La foule montra du doigt le lièvre volant.

— Oooooooooooooooooooooh !

Henri Le Lièvre vola droit devant le visage en sueur de Magali.

— Salut, chaton ! dit-il en passant.

Paf ! Il atterrit en haut contre le rocher et s'accrocha aussi vite qu'il put. Il arriva au niveau du rebord une seconde avant le hérisson à côté. Le lièvre souleva l'œuf dans ses pattes, et redescendit en volant, passant la marmotte stupéfaite.

— Tiens bon, Jelly Belly ! dit-il en tombant.

Patatras ! Il atterrit sur le corps coussiné de Puppy Bébé, et rebondit vers F-F-Foxy qui liait ses bras avec ceux de Little Foxy. Mais le lièvre heurta l'épaule de F-F-Foxy. *Crac !* Puis, il rebondit sur Little Foxy. *Splaf !* Il fit tomber les renards au sol et atterrit dessus. Il était étourdi et meurtri, assis sur les renards, mais il tenait un œuf orange.

La foule éclata.

— Les gagnants !

— Ils ont réussi !

'It was so close!'

'Victory!'

'Finally!'

'Bravo!'

'It's a flying hare!'

'Never seen anything like it!'

'Congratulations!'

Henri Le Hare stood up and held the empty orange eggshell in the air.

Puppy Bébé's tail wagged left and right. He lifted his head up to the moon.

Aaaaaaaaaooouuuuuuuuuuuuuuuuuuuuuuuuuu!!

The brother foxes, still lying flat on the ground, howled too.

Aaaaaaaaaooouuuuuuuuuuuuuuuuuuuuuuuuuu!!

The disappointed hedgehogs started moving down their tower, one after the other. Their spikes no longer spiked up, they lay flat.

Henri Le Hare shouted to them, 'Tough luck, Losers!' Then he started dancing and singing.

— C'était si près !

— La victoire !

— Enfin !

— Bravo !

— Un lièvre volant !

— Jamais rien vu de tel !

— Félicitations !

Henri Le Lièvre se leva et tint en l'air la coquille d'œuf orange vide.

Puppy Bébé remua la queue de gauche à droite. Il leva la tête vers la lune.

— *Aaaaaaaaaooouuuuuuuuuuuuuuuuuuuuuuuu !!*

Les frères renards, toujours couchés sur le sol, aussi hurlèrent.

— *Aaaaaaaaaooouuuuuuuuuuuuuuuuuuuuuuuu !!*

Les hérissons déçus commencèrent à descendre de leur tour, l'un après l'autre. Leurs pointes ne se dressaient plus, ils se couchaient à plat.

Henri Le Lièvre leur cria :

— Pas de chance, Les Losers !

Puis, il se mit à danser et à chanter.

'We're the winners, spinners, rinky-do rin rin rin winners! We have the rinky-do egg egg egg!'

Getting up, F-F-Foxy shook out all the fur on his body. Shake shake shake. He pointed across to the spotty deer and shouted, 'Take a good look! You're looking at winners!'

Little Foxy shouted, too. 'And we're looking at losers! Ha ha ha!'

Mishka hopped up and down. He shouted to his friends, over the noise of the spectators, 'Magali! We need to get Magali!' He pointed up.

Suddenly, all the animals looked up to the cliff face. The forgotten marmot was still stuck. The crowd called to her.

'It's over!'

'Come down!'

'You need to get off!'

'Jump! Jump! Jump!'

'Jump, Baldy! Jump, Baldy!'

— *Nous sommes les gagnants, les gagnants, les gagnants du rinky-do rin rin rin ! Nous avons le rinky-do œuf œuf œuf !*

En se levant, F-F-Foxy secoua toute la fourrure de son corps. Secoue, secoue, secoue. Il montra du doigt les chevreuils tachetés et cria :

— Regardez bien ! Vous êtes en train de regarder les gagnants !

Little Foxy cria aussi :

— Et nous, on regarde les perdants ! Aha ha ha !

Mishka sautilla de haut en bas. Par-dessus le bruit des spectateurs, il cria à ses amis :

— Magali ! Il faut chercher Magali !

Le lapin pointa du doigt vers le haut.

Soudain, tous les animaux levèrent les yeux vers la falaise. La marmotte oubliée était toujours coincée. La foule cria :

— C'est fini !

— Tu descends !

— Tu dois descendre !

— Saute ! Saute ! Saute !

— Saute, Chauvrette ! Saute, Chauvrette !

On the cliff face, four blackbirds appeared next to Magali's face. Their orange beaks tapped the rock. *Tap! Tap! Tap! Tap!* They nodded to the ground.

Magali shook her head.

Tap! Tap! Tap! Tap!

Magali shook her head again.

On the ground, Mishka said, 'How are we going to get her?'

Little Foxy shrugged. 'We're not.'

Bof! F-F-Foxy boffed his brother on the head. Little Foxy yelped and kicked his brother. The older fox rolled Little Foxy over and over on the ground.

Puppy Bébé looked at the stars. 'One, two, three, four...'

'Dudes!' Henri Le Hare interrupted. 'Look!' He pointed up.

Magali's black eyes froze when she saw two Italian medical eagles hovering by her side. She said to herself, "No Eating Other Animals At Night. Not at sports events." She said it over and over in her head as she took deep breaths.

Quatre merles apparurent à côté du visage de Magali. Leurs becs orange tapaient sur la roche. *Tap ! Tap ! Tap ! Tap !* Ils firent un signe de tête vers le sol.

Magali secoua la tête.

Tap ! Tap ! Tap ! Tap !

La marmotte secoua la tête de nouveau.

En bas, Mishka dit :

— Comment allons-nous l'attraper ?

Little Foxy haussa les épaules.

— On n'y arrivera pas.

Vlan ! F-F-Foxy frappa son frère sur la tête. Little Foxy glapit et donna un coup de pied à son frère. Le grand renard fit rouler Little Foxy au sol.

Puppy Bébé observa les étoiles.

— Une, deux, trois, quat...

— Hé ! Les Losers ! interrompit Henri Le Lièvre. Regardez !

Il montra du doigt le haut.

Les yeux noirs de Magali se figèrent lorsqu'elle vit deux aigles médicaux italiens planer à ses côtés. Elle se dit *"On ne mange pas d'autres animaux la nuit. Pas aux événements sportifs."* Elle répétait la phrase dans sa tête

'Did you see the race last week between La Thuile and La Rosiere?' said the first eagle to the other one, as they hovered by the marmot.

The second eagle said, 'Cheating! So much cheating!'

Magali frowned. She dared to move her head a little to look at the eagles. They were hovering, but not looking at her. They were looking at each other.

The first eagle said, 'I know the main flyer. He is French and a total cheater!'

'There is no way they would have won if the referee had have been Italian!'

Magali found her voice. 'Excuse me!'

The eagles looked at her.

Magali squeaked, 'Are you going to help me?'

sans cesse en prenant de grandes respirations.

Alors qu'ils planaient près de la marmotte, le premier aigle dit à l'autre :

— Tu as vu la course de la semaine dernière entre La Thuile et La Rosière ?

Le deuxième aigle répondit :

— De la triche ! Tant de tricheries !

Magali fronça les sourcils. Elle osa bouger un peu la tête pour regarder les aigles. Ils étaient en vol stationnaire, mais ne la regardaient pas. Ils se regardaient l'un l'autre.

Le premier aigle dit :

— Je connais le pilote principal. Il est français et c'est un vrai tricheur !

— Ils n'auraient jamais pu gagner si l'arbitre avait été italien !

Magali retrouva la voix.

— Excusez-moi !

Les aigles la regardèrent.

La marmotte couina :

— Vous allez m'aider ?

The eagles said, 'Yes. You let go now.'

'Pardon?'

'Yes. You let go. You fall. We catch.'

The second eagle said, 'Come on,' and his sharp talon tickled the bald patch on the marmot's bottom, giving her such a fright that she let go and fell backward in the air.

'Wooooooaaaaah!' Magali cried. Her arms waved about as she fell.

Swoooooooosh! The first eagle dove and caught her, carrying her back to the ground and the cheering crowd.

'Good job, Eagle! Hurrah!'

'You got Baldy!'

'Well done, Eagles!'

'The medical team saves the day!'

'Lucky marmot!'

'Keeeeeeeeeek kiki kak!' laughed a voice from way up above in the treetops in the distance. 'Tickled bottom! Tickled bottom! Keeeeeeeeeek kiki kak!'

Les aigles lui répondirent :

— Oui. Tu lâches maintenant.

— Pardon ?

— Oui. Tu lâches. Tu tombes. On te rattrape.

Le deuxième aigle dit "Viens" et avec ses serres pointues, il chatouilla la tache chauve de la marmotte, lui faisant tellement peur qu'elle lâcha prise et tomba en arrière dans les airs.

Magali cria, et ses bras s'agitaient pendant sa chute.

— Houuuuuula !

Zooooom ! Le premier aigle plongea et la rattrapa, la ramenant en bas, à la foule en délire.

— Bravo, l'aigle ! Hourra !

— Vous avez attrapé La Chauvrette !

— Bien joué, les aigles !

— Les médicaux sauve la mise !

— Marmotte chanceuse !

— Keeeeeeeek kiki kak ! rit une voix venant de la cime des arbres au loin. Fesses chatouilleuses ! Fesses chatouilleuses ! Keeeeeeeek kiki kak !

Chapter 6
Big Guys Event

Boar, foxes, hare, eagles, deer, rabbits, weasels, owls, hedgehogs, and deer called to each other.

'Hurry! They're about to start!'

'Quickly! We don't want to miss it!'

'This is going to be nuts!'

'Look! There they are!'

Magali moved forward with Mishka.

'Are you sure you're okay?' Mishka asked his friend for the third time.

The marmot gave him the death look.

Chapitre 6
Événement Grands Gars

Des sangliers, des renards, des lièvres, des aigles, des chevreuils, des lapins, des belettes, des hiboux et des hérissons se criaient les uns aux autres.

— Dépêchez-vous ! Ils sont sur le point de partir !

— Vite ! On ne veut pas les rater !

— Ça va être dingue !

— Regardez ! Ils sont là !

Magali avançait avec Mishka.

Le lapin demanda pour la troisième fois :

— Tu es sûre que ça va ?

La marmotte le fusilla du regard.

'I was hanging from a cliff. What do you think?!'

'If you think about it, you did really well. You didn't fall.'

'Everyone saw my bald patch!'

Mishka put his paw to his mouth, trying to hide his smile.

Bruno The Italian Stag pranced up and down in front of the solid rock face, where a line of ibex and chamois stood. The Italian Stag called to the spectators. 'It's time for the Big Race! Thank you for being here!'

Animals jumped, waved, and cheered.

'Awesome!'

'Bring it on!'

'Wouldn't miss it!'

'Looking forward to it!'

'It's gonna be the best!'

'This is the best event ever!'

Bruno The Italian Stag waved his magnificent wooden horns about. He continued his speech.

—J'étais suspendue à une falaise. Qu'est-ce que tu crois ?

—Mais en fait, tu t'es bien débrouillée. Tu n'es pas tombée.

—Tout le monde a vu ma tache chauve !

Mishka mit sa patte sur la bouche, essayant de cacher son sourire.

Bruno Le Cerf Italien se pavanait devant la paroi rocheuse, où se tenait une file de bouquetins et de chamois. Le cerf italien appela les spectateurs.

—C'est l'heure de la grande course ! Merci d'être là !

Les animaux sautaient et acclamaient.

—Génial !

—On a hâte !

—On manque ça pour rien !

—Trop envie !

—Ça va être cool !

—C'est le meilleur événement qui soit !

Bruno Le Cerf Italien agita ses magnifiques cornes de bois. Il poursuivit son discours :

—Comme vous pouvez le constater, nous avons

'As you can see, we have two teams. Team Ibex...'

Five heavy-set ibex with goatee beards strolled forward. They nodded to the crowd. Their horns were massive, curling out of their heads like rollercoaster loops. The robust ibex lowered their heads and bowed to the cheering crowd.

Bruno The Italian Stag continued. 'And we have, Team Chamois!'

Five strong and healthy chamois trotted to the centre and nodded to the excited spectators. They were a similar size to the ibex but thinner. And, their horns were different. The chamois's horns were much smaller. They stood up straight on their heads, with little hooks at the end, like the hook on a pirate's hand.

The chamois lifted up on their hind legs and began prancing their front hooves.

The crowd went wild.

'Whoop! Whoop!'

'Go, Chamois Team!'

The marmot and rabbit cried out too.

'Go, Chamois Luc!'

deux équipes. L'Équipe Bouquetin...

Cinq bouquetins bien costauds, portant des barbiches, s'avancèrent. Ils saluèrent la foule d'un signe de tête. Leurs cornes massives s'enroulaient autour de leurs têtes comme des boucles de montagnes russes. Les robustes bouquetins, en baissant la tête, s'inclinèrent devant la foule en délire.

Bruno Le Cerf Italien continua :

— ...et nous avons aussi, l'Équipe Chamois !

Cinq chamois forts et en pleine santé trottèrent jusqu'au centre et saluèrent de la tête les spectateurs excités. Ils étaient d'une taille similaire à celle des bouquetins, mais plus fins. Et, leurs cornes étaient différentes. Elles étaient beaucoup plus petites, et se tenaient droites, avec de petits crochets au bout, comme le crochet de la main d'un pirate.

Les chamois se soulevèrent sur leurs pattes arrière et commencèrent à faire des cabrioles avec leurs sabots avant.

Les spectateurs devinrent fous.

— Hourra ! Hourra !

— Allez l'Équipe Chamois !

La marmotte et le lapin crièrent aussi.

— Allez, Chamois Luc !

'Whoever is whoever!'

'Yippee! Yoooo! Yoooo!'

Bruno The Italian Stag nodded up to the top of the cliff. 'The participants will race to the top of this magnificent cliff. As you can see, it is a sheer vertical climb!'

The crowd gasped.

'Oooooooooooooooooh!'

'Wooooooaaaaaaaaaaaaah!'

'Aaaaaaaaaaaaaaaaaahhhh!'

Henri Le Hare hopped up and down. 'I could scale that! If I wanted to!'

F-F-Foxy wagged his tail. 'Me too!'

Bruno The Italian Stag asked everyone to move back. 'Give the competitors lots of space, please. You must respect the space. Further back, please. More, more, more. Thank you, yes. More, more. Good. Now, when I count to three, the ibex and chamois will race up to the top of the cliff. The first one to the top wins for their team. They will win a very special prize!'

— Allez, Chamois Loic !

— Qui que ce soit !

— Youpi ! Yoooupi ! Yoooupi !

Bruno Le Cerf Italien hocha la tête vers le sommet.

— Les participants vont faire la course jusqu'au sommet de cette magnifique falaise. Comme vous pouvez le remarquer, c'est une ascension verticale !

La foule haleta.

— Ooooooooooooooooooh !

— Waaaaaaaaaaaaaoouuh !

— Aaaaaaaaaaaaaaaaaaahhhh !

Henri Le Lièvre sautilla de haut en bas.

— Je pourrais l'escalader ! Si je le voulais !

F-F-Foxy remua la queue.

— Moi aussi !

Bruno Le Cerf Italien invita tout le monde à reculer.

— Laissez beaucoup d'espace aux compétiteurs, s'il vous plaît. Vous devez respecter l'espace. Plus loin, s'il vous plaît. Encore, encore, encore. Merci, oui. Encore, encore. Bien. Maintenant, quand je compte jusqu'à trois, les bouquetins et les chamois vont courir

The crowd clapped their paws and flapped their wings.

'Woo hoo!'

'Incredible!'

'Woot! Woot!

'Alright, Dynamite!'

The stag looked up to the sky. 'As you know, we have the medical eagles here with us, just in case. Please, a round of applause for our friends!'

The four black and white medical eagles flew over the applauding animals, before taking their positions on the branches in the trees over in the distance.

'Now... to the competition. Team Ibex, Team Chamois, please take your positions, and may the best team win!'

Silence fell upon the area. The five ibex lined up on the left side, facing the cliff. On the right side, the five chamois lined up. The ten competitors lowered their heads in preparation. Smoke came out of their nostrils in the cold night air. They scraped their strong hooves in the dirt.

jusqu'au sommet de la falaise, et le premier arrivé gagne pour son équipe. Ils gagneront un prix très spécial !

La foule tapa des pattes et battit des ailes.

— Youpi !

— Incroyable !

— Woot ! Woot !

— Ça roule ma poule !

Le cerf leva les yeux au ciel.

— Comme vous le savez, nous avons les aigles médicaux ici avec nous, au cas où. S'il vous plaît, un tonnerre d'applaudissement pour nos amis !

Les quatre aigles médicaux noir et blanc survolèrent les animaux, avant de prendre position sur les branches des arbres au loin.

— Maintenant... la course. Équipe Bouquetin, Équipe Chamois, prenez vos positions, et que la meilleure équipe gagne !

Le silence retomba sur la zone. Les cinq bouquetins s'alignèrent sur le côté gauche, face à la falaise. Sur le côté droit, les cinq chamois s'alignèrent. Les dix participants baissèrent la tête en préparation. De la fumée sortit de leurs narines dans l'air froid nocturne. Ils raclèrent leurs sabots puissants sur la terre. Leurs

Their stomachs moved in and out as their breathing accelerated.

Bruno The Italian Stag lifted his head high and counted. 'One... Two... Three... GO!'

The sound of hooves hitting the ground came all at once. Dust and dirt rose up as the large animals raced to the cliff. The ibex surged forward, the first to reach the rock. They jumped up and their hooves clung onto the cliff, like magnets. They ran straight up.

'Wow!' The crowd gasped and pointed.

The chamois were only a second behind. Their hooves were like magnets, too. They raced up on the right side.

'Gee!' The crowd shook their heads, watching them run up.

Magali kept her black eyes on Chamois Luc and Chamois Loic. They raced side by side at an impressive rate.

Everything became very quiet on the ground as the spectating animals looked on in wonder.

estomacs se gonflèrent et se dégonflèrent tandis que leur respiration s'accélérait.

Bruno Le Cerf Italien leva la tête et compta.

— Un... Deux... Trois... *GO !*

Le bruit des sabots frappant le sol arriva d'un seul coup. La poussière de la terre se soulevait tandis que les grands animaux couraient vers la falaise. Les bouquetins se précipitaient en avant, les premiers à atteindre le rocher. Ils sautèrent, et leurs sabots s'accrochèrent à la falaise, comme des aimants. Ils coururent droit vers le ciel.

La foule haleta et montra du doigt.

— Waouh !

Les chamois n'étaient qu'à une seconde. Leurs sabots étaient comme des aimants, aussi. Ils coururent vers le haut, du côté droit.

La foule secoua la tête en les regardant courir.

— Oh la la !

Magali garda ses yeux noirs sur Chamois Luc et Chamois Loic. Ils couraient côte à côte à une vitesse impressionnante.

Tout devint très calme sur le terrain alors que les spectateurs regardaient avec étonnement. La puissance émanant des bouquetins et des chamois

The power emanating from the ibex and chamois was remarkable. The spectators bent their heads back as they looked up the cliff. They shook their heads in disbelief.

'Wow! Wow! Wow!'

'They're going straight up!'

'How come they don't they fall?'

'How do they do it?'

'I don't get it!'

'It's crazy!'

'Wowza! Cowza!'

'Look at them go!'

The ibex race towards the top. On the right side, the chamois were only a fraction of a second behind the ibex. The crowd whispered between them.

'It's neck and neck.'

'The ibex will win.'

'No. The chamois will win.'

'Maybe. Maybe not.'

'Wanna make a bet?'

était remarquable. Les spectateurs se penchèrent en arrière pour regarder en haut. Ils secouaient la tête, incrédules.

— Waouh ! Waouh ! Waouh !

— Ils montent tout droit !

— Comment ça se fait qu'ils ne tombent pas ?

— Comment ils font ?

— Je ne crois pas.

— C'est fou !

— Oh la vache !

— Regardez-les !

Les bouquetins couraient vers le sommet. Sur le côté droit, les chamois n'avaient qu'une fraction de seconde de retard.

La foule chuchota.

— C'est au coude-à-coude.

— Les bouquetins vont gagner.

— Non. Les chamois vont gagner.

— Peut-être. Peut-être pas.

— On fait le pari ?

Suddenly, one of the ibex's hooves slipped. He fell off the cliff.

'Oooooooooooooooooooooooooh!' Loud gasps came from the crowd as they watched the heavy ibex fall. He bashed against the cliff face, then kept falling.

'Eeeeeeeeeeeeeeeeeeeeeeeeeeeeh!' The crowd put their paws to their mouths as they watched the falling animal bounce against the rocks.

Suddenly, the ibex flipped and landed with his hooves magnetised to the cliff face. He started racing up the cliff again, as if nothing had happened.

The crowd went nuts, jumping up and down.

'Bravo!'

'Magnificent!'

'What a save!'

'You're the man!'

'Dude!!!!'

'You're the King!'

'Awesome!'

Soudain, le sabot d'un bouquetin glissa, et il tomba de la falaise.

— Oooooooooooooooooooooooooh ! s'exclama la foule en regardant le lourd bouquetin tomber.

L'animal se cogna contre la falaise, puis continua de tomber.

La foule porta ses pattes à sa bouche en regardant le bouquetin rebondir de rocher en rocher.

— Iiiiiiiiiiiiiiiiiiiiiiiiiiiiiiiiiiiiiiiiiiii !

Soudain, le bouquetin se retourna et atterrit avec ses sabots aimantés sur la paroi de la falaise. Il recommença à courir le long de la falaise vers le haut, comme si rien ne s'était passé.

La foule se déchaîna, sautant de haut en bas.

— Bravo !

— Magnifique !

— Quel coup de maître !

— Tu es le meilleur !

— Mec !!!!

— Tu es le roi !

— Impressionnant !

'Wicked, Bro!'

'Rad!'

On the right side, the chamois furthest to the right tripped on a rock and fell.

'Oooooooooooooooooooooooooooooooh!' The crowd pointed to the falling animal.

'He's going to crash!'

'Oh no!'

'Oh my goodness!'

'Oh, please!'

'Is he going to die?'

Magali held her paw to her heart. *Boom-boom, boom-boom, boom-boom. Boom-boom, boom-boom, boom-boom. Boom-boom, boom-boom, boom-boom.*

Swoooooooooosh! Four eagles zoomed, stretched out their powerful legs and talons, and caught the chamois mid-air. *Swoooooooooosh!*

The spectators went bananas.

'Heroes!'

'Hoorah!'

'You saved his life!'

— Super, frérot !

— Génial !

Sur le côté droit, le chamois le plus à droite trébucha sur un rocher et tomba dans les airs.

La foule montra du doigt l'animal qui tombait.

— Oooooooooooooooooooooooooooooooh !

— Il va se planter !

— Oh non !

— Oh mon Dieu !

— Oh, s'il vous plaît, non !

— Il va mourir ?

Magali porta sa patte à son cœur. *Boum-boum, boum-boum, boum-boum. Boum-boum, boum-boum, boum-boum. Boum-boum, boum-boum, boum-boum.*

Swoooooosh ! Quatre aigles se précipitèrent, étendirent leurs puissantes pattes et leurs talons, et attrapèrent le chamois en plein vol. *Swoooooosh !*

Les spectateurs devinrent complètement fous.

— Les héros !

— Hourra !

— Vous lui avez sauvé la vie !

'You eagles rock!'

'Life-savers!'

The crowd pointed to the top of the rock, where the ibex and chamois were nearing. They fanned their faces with their paws.

'I can't stand the tension!'

'They're neck and neck!'

'It's a close race!'

'They're nearly there!'

'This is too much!'

'I can't look!'

Magali reached out and held Mishka's paw. Together, they watched as the chamois twins, in a sudden burst of energy, sprinted ahead of the other chamois and ibex. They surged upwards, pushing their strong bodies to the top of the cliff. They jumped onto the top at the same time.

The spectators went absolutely nuts, jumping up and down, screaming, cheering, dancing, and hugging each other.

'Hoooooooorrrrraaaaaaaahhh!'

'Team Chamois! Team Chamois!'

— Vous, les aigles, vous déchirez !

— Sauveurs de vies !

La foule désigna le sommet du rocher où les bouquetins et les chamois s'approchaient. Les spectateurs s'éventaient le visage avec leurs pattes.

— Je ne supporte pas la tension !

— Ils sont au coude-à-coude !

— C'est une course serrée !

— Ils y sont presque !

— C'est trop !

— Je ne peux pas regarder !

Magali prit la patte de Mishka. Ensemble, ils regardaient les jumeaux chamois qui, dans une soudaine explosion d'énergie, sprintèrent devant les autres chamois et bouquetins. Ils s'élancèrent vers le haut, poussant leurs corps puissants jusqu'au sommet de la falaise. Ils arrivèrent sur le sommet en même temps.

Les spectateurs, complètement fous, sautaient de haut en bas, criaient, applaudissaient, dansaient et se faisaient des câlins.

— Hooooooouuuuuurrrrra !

— L'Équipe Chamois ! L'Équipe Chamois !

'They did it!'

'Winners!'

'Victory!'

'*Congratulazioni!*'

'Gnarly!'

'Bravo! Bravo! Bravo!'

'Awesome!'

'Brilliant!'

'*Magnifico!*'

Magali and Mishka jumped up and down, hugging each other. 'They did it! Our friends did it!' They looked up to see the rest of the chamois and ibex reach the top of the cliff. Both teams stood in a line at the top of the cliff. The competitors looked down at the spectating animals, then slowly bent their heads in a low bow.

The spectators went wild, once again.

'Hoorah!'

'True mountain champions!'

'Don't know how you do it!'

— Ils l'ont fait !

— Les vainqueurs !

— Victoire !

— *Congratulazioni !*

— Top !

— Bravo ! Bravo ! Bravo !

— Génial !

— Formidable !

— *Magnifico !*

Magali et Mishka firent un gros câlin.

— Ils l'ont fait ! Nos amis l'ont fait !

Ils levèrent les yeux pour voir le restant des chamois et des bouquetins atteindre le sommet de la falaise.

Les deux équipes se tinrent en ligne en haut. Les compétiteurs regardèrent les animaux spectateurs en bas, puis penchèrent lentement la tête pour s'incliner.

Une fois de plus, les spectateurs étaient en délire.

— Hourra !

— De vrais champions de la montagne !

— Je ne sais pas comment vous faites !

'Mountain Warriors!'

'Awesome, Dudes!'

'Totally gnarly!'

'You're the dudes!'

The ibex and chamois started running straight down the vertical cliff. Heavy hooves thundered against the rock, and clouds of grey dust puffed out from the cliff face. The crowd gasped. Their hearts raced.

'Oooooooooooooooooooh!'

'Wooooooooaaaaaaaaaaaah!'

'Eeeeeeeeeeeeeeeeeeeeeeeh!'

'Wowzer!'

'Nuts!'

'Crazy!'

'I can't watch!'

The Italian foxes didn't dare look. Not completely. They placed one paw over one eye and looked on with the other.

— Guerriers de la montagne !

— Génial, les gars !

— Incroyable !

— C'est vous les meilleurs !

Les bouquetins et les chamois se mirent à descendre la falaise verticale. Les sabots lourds tonnaient contre la roche et des nuages de poussière grise s'échappaient de la falaise.

Les spectateurs sursautèrent et leurs cœurs s'emballèrent.

— Oooooooooooooooooooooh !

— Waaaaooouuuh !

— Hiiiiiiiiiiiiiiiiiiiiiiiii !

— Oh la la !

— C'est dingue !

— Fou !

— Pitié ! Je ne peux pas regarder !

Les renards italiens ne pouvaient pas regarder. Pas complètement. Ils plaçaient une patte sur un œil et regardaient avec l'autre.

Les sangliers se blottissaient les uns contre les

The boar snuggled together, watching with their snouts wide open.

A rabbit from the hopping team fanned her face. 'Too much. Can't stand it.'

The weasels fainted, one after the other. *Plop! Plop! Plop! Plop! Plop!*

The ibex and chamois thundered down to the ground at tremendous speed, and when they reached the ground, everyone went racing to get out of the way. Dirt and dust flew up in the air as heavy hooves touched the ground. The animals slowed down, then returned to the front of the cliff face where they strutted back and forth, pushing out their chests. Not a single drop of sweat fell from them. They looked as fresh as daisies.

Bruno The Italian Stag called the winners forward. 'Please, a round of applause for our winners... Team Chamois!'

The chamois trotted into the centre, including the one who had fallen. The five of them pranced in a line, bowing their heads and wiggling their tails.

The crowd cheered them on.

'The Best!'

autres, regardant avec la gueule grande ouverte.

Une lapine de l'équipe des sauteurs s'éventait le visage.

— C'est trop. Je ne peux pas le supporter.

Les belettes s'évanouirent, l'une après l'autre. *Plof ! Plof ! Plof ! Plof ! Plof !*

Les bouquetins et les chamois dévalèrent la falaise à une vitesse fulgurante et lorsqu'ils atteignirent le bas, tout le monde se précipita pour s'écarter du chemin. De la terre et de la poussière s'envolèrent dans l'air lorsque les lourds sabots frappèrent le sol. Les animaux ralentirent, puis retournèrent à l'avant de la falaise, où ils se pavanèrent d'avant en arrière, en bombant le torse. Pas une seule goutte de sueur ne coulait sur eux. Ils avaient l'air aussi frais que des roses.

Bruno Le Cerf Italien appela les gagnants en avant :

— S'il vous plaît, un grand applaudissement pour nos gagnants... l'Équipe Chamois !

Les chamois trottèrent vers le centre, y compris celui qui était tombé. Les cinq se pavanaient en ligne, inclinant la tête et remuant la queue.

Les animaux les encourageaient.

— Les meilleurs !

'Winners!'

'Bravo!'

'Whoop! Whoop!'

The stag smiled at the ibex. 'And just a second behind... Team Ibex!'

The ibex strutted into the centre, lifting their fabulous rollercoaster horns up high.

The crowd applauded.

'Wicked!'

'So close!'

'You dudes are crazy!'

'What a team!'

The Italian stag came back into the centre with a flat, square, cardboard box in his mouth. He dropped it on the ground, then proudly shouted, 'This year's special prize is this wonderful box!'

The crowd stuck their necks out, trying to see the box on the ground. It was brown and had red squiggles on it; *PIZZA*.

— Les gagnants !

— Bravo !

— Hourra ! Hourra !

Le Cerf Italien sourit aux bouquetins.

— Et avec juste une seconde derrière... l'Équipe Bouquetin !

Les bouquetins se pavanaient au centre, levant bien haut leurs fabuleuses cornes de montagnes russes.

La foule applaudit.

— Merveilleux !

— Si près du but !

— Vous êtes dingues, les gars !

— Quelle équipe !

Bruno Le Cerf Italien revint au centre avec une boîte en carton plate et carrée dans la bouche. Il la laissa tomber sur le sol et cria fièrement :

— Le prix spécial de cette année est cette merveilleuse boîte.

La foule se bouscula, essayant de voir la boîte par terre. Elle était marron et avait des signes rouges dessus : *PIZZA*.

The crowds jostled to see better.

'Ooooh! What is it?'

'What is this special box?'

'Have you seen this before?'

'I don't know what it is.'

'Oooooooh!'

'Wow!'

Bruno The Italian Stag invited the chamois twins forward. 'My friends, you were the first to the top of the cliff. This box, and what's inside, is for you. Please, come.'

Chamois Luc and Chamois Loic pranced forward to accept their special prize amidst the applause of the crowd. Their short tails wagged. Smiling, Chamois Luc (or Loic) bent down and opened the special box with his mouth.

All the animals leaned forward to see what was inside.

'Ooooooooooooooh!'

'What is it?'

'What's inside?'

La foule se pressa pour mieux voir.

— Ooooh ! Qu'est-ce que c'est ?

— C'est quoi cette boîte spéciale ?

— Vous avez déjà vu ça avant ?

— Je ne sais pas ce que c'est.

— Ooooooh !

— Waouh !

Bruno Le Cerf Italien invita les jumeaux chamois à s'avancer.

— Mes amis, vous avez été les premiers à atteindre le sommet de la falaise. Cette boîte, et ce qu'elle contient, est pour vous. Venez, je vous en prie.

Chamois Luc et Chamois Loic s'avancèrent pour accepter leur prix spécial au milieu des applaudissements de la foule. Leurs courtes queues remuaient. Souriant, Chamois Luc (ou Loic) se pencha et ouvrit la boîte spéciale avec sa bouche.

Tous les animaux se penchèrent en avant pour voir ce qu'il y avait à l'intérieur.

— Ooooooooooooh !

— Qu'est-ce que c'est ?

— Qu'est-ce qu'il y a dedans ?

The box was empty, except for one thing. Chamois Luc (or Loic) reached down and picked up the tiny brown fish with his mouth.

'Hoorah!' The crowd cheered, stretching their necks to see the little brown fish.

Chamois Luc (or Loic) scrunched up his face, then gently put the dried fish back in the box. 'Hmmmm.' He licked his lips, trying to get the taste off. 'Thank you for this lovely, er... uhm... this thing.'

'Hoorah!'

'Winners!'

'Bravo!'

'Team Chamois Victory!'

Bruno The Italian Stag lifted his dead-tree horns and announced, 'And now... it's Party Time!'

The crowd spread out and started dancing.

La boîte était vide, sauf pour une chose. Chamois Luc (ou Loic) se pencha encore plus et prit un petit poisson brun avec sa gueule.

La foule applaudit, étirant son cou pour voir le tout petit poisson brun.

— Hourra !

Chamois Luc (ou Loic) fronça le visage et doucement remit le poisson séché dans la boîte.

Il se lécha les babines, essayant de faire passer le goût.

— Hmmmm. Merci pour cette charmante, euh... euh... cette chose.

— Hourra !

— Les gagnants !

— Bravo !

— Les chamois vainqueurs !

Bruno Le Cerf Italien leva ses cornes d'arbre mort et annonça :

— Et maintenant... c'est la fête !

La foule se dispersa et commença à danser.

Henri Le Lièvre, F-F-Foxy, Little Foxy, Puppy Bébé, Magali et Mishka se frayèrent un chemin parmi les

Henri Le Hare, F-F-Foxy, Little Foxy, Puppy Bébé, Magali, and Mishka pushed through the animals and ran to the chamois. They jumped on Chamois Luc and Chamois Loic, kissing them.

'Congratulations!'

'Dudes! You won!'

'You were fantastic!'

'You were like lightning up that rock!'

'Bro, you did it!'

'Mate, you both rock! Rock! Get it? Ha ha ha!'

The chamois bent their heads, accepting their friend's well wishes and kisses.

'Thank you!' they said.

Chamois Luc (or Loic) looked at the moon, then looked at Magali. 'Mademoiselle, we better get you home.'

Magali's jaw hit the floor. 'Chamois Luc!'

Henri Le Hare jumped onto Chamois Luc's back. F-F-Foxy jumped on next, then Little Foxy. They bounced up and down on their friend's back. Puppy Bébé rubbed his big fat head against the chamois's leg.

animaux pour arriver jusqu'aux chamois. Ils sautèrent sur Chamois Luc et Chamois Loic, les embrassant.

— Félicitations !

— Les chatons ! Vous avez gagné !

— Vous avez été f-f-fantastiques !

— Vous étiez comme des éclairs sur ce rocher !

— Les frères, vous l'avez fait !

— Les potes, vous avez été solides ! Comme un rocher ! Comprenez ? Aha ha !

Les chamois penchèrent la tête, acceptant les compliments et les bises de leurs amis.

— Merci ! dirent-ils.

Chamois Luc (ou Loic) regarda la lune, puis regarda Magali.

— Mademoiselle, on ferait mieux de te ramener à la maison.

Magali tomba bouche bée. Elle dit :

— Chamois Luc !

Henri Le Lièvre sauta sur le dos de Chamois Luc. F-F-Foxy sauta ensuite, puis Little Foxy. Ils sautaient de haut en bas sur le dos de leur ami. Puppy Bébé frotta sa tête contre la jambe du chamois. Magali et Mishka

Magali and Mishka kissed his forehead when he bent his head down low. 'Ha ha ha! Yes! It's me! Or, is it?'

'Keeeeeeeeek kiki kak!' laughed a voice from way up above. 'Who's who? Who's who? Keeeeeeeeek kiki kak!'

Magali shouted up to the voice. 'Who are you?! Show yourself!' She shook her head, trying to see where the voice was coming from.

'Let's go,' said Chamois Luc.

As the friends turned to go back to France, the sergeant boar danced past, singing, *'It's Conga Time! Everybody do the Conga!'*

The hedgehog team danced behind him. Their spikes spiked up, nice and strong. They sang as they moved forward in their line, *'Conga! Conga! Conga!'*

The bruised lizards scuttled behind them in line. Then the weasels joined in. Then the rabbits jumped in line, followed by the foxes. *'Conga! Conga! Conga!'*

lui embrassèrent le front quand il baissa la tête.

— Aha ha ha ! Oui ! C'est moi ! Ou alors, est-ce que c'est moi ?

— Keeeeeeeeek kiki kak ! rit une voix venant d'en haut. Qui est qui ? Qui est qui ? Keeeeeeeek kiki kak !

Magali cria vers la voix :

— Qui es-tu ? Montre-toi !

Elle secoua la tête, essayant de voir d'où venait la voix.

— Allons-y, dit Chamois Luc.

Alors que les amis se retournèrent pour rentrer en France, le sanglier militant passa en dansant et en chantant.

— *C'est l'heure de la Conga ! Tout le monde fait la Conga !*

L'équipe des hérissons dansait derrière lui. Leurs pointes étaient dressées, belles et fortes. Ils chantaient en avançant dans leur ligne :

— *La Conga ! La Conga ! La Conga !*

Les lézards meurtris se précipitèrent derrière eux en ligne. Puis, les belettes les rejoignirent. Puis, les lapins sautèrent en ligne, suivis par les renards.

— *La Conga ! La Conga ! La Conga !*

The chamois and ibex made their own Conga line. They kicked their hooves left, then right, as they danced in a line.

Bruno The Italian Stag danced at the head of the line. He sang in a very deep voice, *'Rock Climb Conga! Rock Climb Conga! Rock Climb Conga!'*

Henri Le Hare grabbed F-F-Foxy and started dancing the Conga. F-F-Foxy grabbed Little Foxy, who grabbed Puppy Bébé. The puppy pulled Mishka in line, who grabbed Magali. She grabbed the chamois twins. The friends danced in their line. Magali was just about to sing, *"Conga! Conga! Conga!"* but Henri Le Hare suddenly sang at the very top of his lungs, *'We won! We won! We won and it was fun!'*

Then, F-F-Foxy sang, *'We won! We won! We won and we are number one!'*

Then, Little Foxy sang, *'We won! We won! We won and everyone saw Magali's bum!'*

'Keeeeeeeeeek kiki kak!' laughed the voice from the treetops in the distance. 'Big Baldy Bum! Big Baldy Bum! Keeeeeeeeeek kiki kak!'

Les chamois et les bouquetins formèrent leur propre ligne de Conga. Ils donnaient des coups de sabots à gauche, puis à droite, en dansant en ligne.

Bruno Le Cerf Italien dansait en tête de ligne. Il chantait d'une voix très grave :

— *Conga de l'escalade ! Conga de l'escalade ! Conga de l'escalade !*

Henri Le Lièvre prit F-F-Foxy et commença à danser la Conga. F-F-Foxy attrapa Little Foxy, qui attrapa Puppy Bébé. Le chiot entraîna Mishka dans la file, qui attrapa Magali. Elle attrapa les jumeaux chamois. Les amis dansaient en ligne. Magali était sur le point de chanter *"La Conga ! La Conga ! La Conga !"* quand Henri Le Lièvre, soudainement, chanta à tue-tête :

— *On a gagné ! Gagné ! Les meilleurs de la galaxieeee !*

F-F-Foxy chanta :

— *On a gagné ! Gagné ! Envoyez le paparazziiii !*

Ensuite, Little Foxy chanta :

— *On a gagné ! Gagné ! Et tout le monde a vu les fesses de Magaliiii !*

La voix de la cime des arbres rit :

— Keeeeeeeek kiki kak ! La Chauvrette ! La Chauvrette ! Keeeeeeeek kiki kak !

Chapter 7
Limbo!

'Liiiiiiiiiiiiiiimbo!' Bruno The Italian Stag grabbed a boar and a deer, then lined them up by side. 'The small dudes under the boar. The bigger dudes under the deer. Line up! Line up! Everyone gets a turn at the Limbo!'

The hedgehogs pushed to the front of the line.

'Easy!' said the first hedgehog. He danced under the boar's stomach and came out the other side.

The next hedgehog scuttled forward, saying, 'Tooooo easy, Man!'

Chapitre 7
Limbo!

— Liiiiiiiiiiiiiimbo !

Bruno Le Cerf Italien prit un sanglier et un chevreuil, et les plaça côte à côte. Il dit :

— Les petits passent par-dessous le sanglier. Les grands par-dessous le chevreuil. En file ! Mettez-vous en ligne ! Tout le monde a droit à un tour de Limbo !

Les hérissons se poussèrent vers le début de la ligne.

— Facile ! dit le premier hérisson.

Il dansa en passant sous le ventre du sanglier, qui se tenait immobile, et sortit de l'autre côté.

Le hérisson suivant se précipita en disant "Trop facile, mec !"

Yes, it was too easy for the hedgehogs. Even with their spikes spiked up, they didn't touch the boar's stomach as they danced underneath him. They all passed through without even having to do the Limbo.

Next, were the weasels. They danced under the boar, without any problem too.

Then, the bruised lizards lined up. They danced under the boar, no problem. The last lizard lifted his tail and tickled the boar's underbelly as he danced through.

The boar's snout crinkled up with the giggles. 'Tee hee hee!'

Next were the rabbits. The first rabbit hopped towards the brown boar, and when he got to him, he realised he was too tall to pass.

The crowd shouted, 'Limbo! Limbo! Limbo!'

The rabbit bent backward, careful not to fall back. He took one hop. Then, he took another hop, and another, till he was under the boar's stomach. The rabbit stared at the fuzzy hairs on the boar's underbelly. He didn't dare wriggle his nose or whiskers. He took three more little hops and came out on the other side of the boar.

C'est vrai, c'était trop facile pour les hérissons. Même avec leurs piques dressées, ils n'avaient pas touché le ventre du sanglier alors qu'ils dansaient au-dessous de lui. Ils sont tous passés sans même avoir à faire le Limbo.

Ensuite, il y avait les belettes. Elles dansaient par-dessous le sanglier sans aucun problème non plus.

Ensuite, les lézards bleus se mirent en rang. Ils passaient en dansant sous le sanglier, sans problème. Le dernier lézard avait levé sa queue et avait chatouillé le ventre du sanglier en dansant au-dessous.

Le museau du sanglier se plissa sous l'effet des rires.

— Hiii Hiii Hiii !

Ensuite, ce furent les lapins. Le premier lapin sautilla vers le sanglier brun, et quand il l'atteignit, il réalisa qu'il était trop grand pour passer en dessous.

La foule cria :

— Limbo ! Limbo ! Limbo !

Le lapin se pencha en arrière en faisant attention de ne pas tomber. Il fit un saut. Puis un autre, et encore un autre, jusqu'à ce qu'il fût sous le ventre du sanglier. Le lapin fixa les poils duveteux du ventre du sanglier. Il n'osait pas remuer son nez ou ses moustaches. Il fit encore trois petits sauts et sortit de l'autre côté du sanglier.

'Hoorah!' The spectator animals cheered. 'Next!'

The next rabbit hopped to the boar. When he bent backward to start the limbo, he lost his balance. *Plop!* He fell on his back.

'You're out!' yelled the crowd. 'Next!'

The next rabbit hopped towards the boar really fast, and when he reached the boar, he took a big leap into the air, jumped over the boar and landed on the other side.

'Ha ha ha!' Spectators laughed and pointed. 'Cheater! Cheater!'

'Next!'

A rabbit, with a brown patch of fur around his eye, shouted, 'Watch me!' He bent his back before even getting to the boar. Then he hopped with his back bent back, all the way towards the boar.

The crowd pointed. 'Show off! Ha ha ha!'

— Hourra !

Les animaux spectateurs applaudirent.

— Au suivant !

Le lapin suivant sauta vers le sanglier. Quand il se pencha en arrière pour commencer le limbo, il perdit l'équilibre. *Splaf !* Il tomba sur le dos.

— Éliminé ! Suivant ! hurla la foule.

Le lapin suivant sauta très vite vers le sanglier, et quand il l'atteignit, il fit un grand saut dans les airs, sautant par-dessus l'animal. Il atterrit de l'autre côté.

Les animaux riaient et montraient du doigt.

— Aha ha ha !

— Tricheur ! Tricheur !

— Suivant !

Un lapin, avec une tache de fourrure brune autour de l'œil, cria :

— Regardez-moi !

Il se pencha en arrière et il sautilla, en restant penché, jusqu'au sanglier.

La foule pointa du doigt.

— Frimeur ! Aha ha ha !

When Eyepatch Rabbit reached the boar's tummy, he leaned back even further, holding his paws out on either side to gain balance. He leaned back a little more. The back of his head nearly touched the ground.

'Oooooooooooooooooooooooh!' The crowd watched on, waiting for the rabbit to fall, but Eyepatch Rabbit kept his balance. He took a little hop forward.

'Oooooooooooooooooooooooh!' The crowd's eyes were fixed on the little animal.

Eyepatch Rabbit, still with his back bent, took another hop under the boar's stomach. He stared at the fuzzy hairs on the boar's underbelly, then he took a final hop and reached the other side of the boar. He straightened up, jumped in the air, and punched his arm up.

'Hoorah!' The spectators jumped up and down. They pushed and shoved each other as they got in line.

'My turn!'

'Then, it's me!'

'Then me!'

'Then me next!'

'Get in line!'

Quand le lapin au cache-œil atteignit le ventre du sanglier, il se pencha encore plus en arrière, tendant ses pattes de chaque côté pour gagner en équilibre. Il se pencha encore un peu plus en arrière. L'arrière de sa tête touchait presque le sol.

La foule regardait, attendant que le lapin tombe, mais le lapin cache-œil gardait son équilibre. Il fit un petit saut en avant.

Les yeux de la foule fixaient le petit animal.

— Ooooooooooooooooooooooooh !

Lapin cache-œil, toujours en se penchant en arrière, fit un autre saut sous le ventre du sanglier. Il fixa les poils duveteux du ventre du sanglier, puis il fit un dernier saut et atteignit l'autre côté du sanglier. Il se redressa, ensuite sauta en l'air et leva le bras.

— Hourra !

Les spectateurs sautaient de haut en bas. Ils se poussaient et se bousculaient en faisant la queue.

— À moi !

— Alors, c'est moi !

— Ensuite, moi !

— Moi après !

— Faites la queue !

Henri Le Hare pushed his way to the front of the line. 'Squeeze me! Squeeze me! Coming through!' He hopped to the boar and when he reached him, he turned around to face the crowd. He lowered his back and limbo-ed, backward. *Hop! Hop! Hop!* He passed under the boar's tummy and came out on the other side.

'Ha ha ha! Backward!' The crowd pointed and cheered.

F-F-Foxy raced to go next. He shimmied his way to the boar and leaned back like his legs were made out of elastic.

'Woaaaaaaaaah!' The crowd's eyes grew wide, watching the fox leaning so low to the ground.

F-F-Foxy's tail wagged back and forth, sweeping the floor as he limbo-ed under the boar.

The spectators broke out in applause when he reached the other side of the boar.

'Hurrah!'

'You swept the floor!'

Henri Le Lièvre se fraya un chemin jusqu'au début de la ligne.

— *Scusi ! Scusi !* Je passe !

Il sauta jusqu'au sanglier et quand il l'eut atteint, il se retourna pour faire face à la foule. Il pencha le dos, et fit du limbo en marche arrière. *Hop ! Hop ! Hop !* Il passa par-dessous le ventre du sanglier et ressortit de l'autre côté.

La foule le montrait du doigt et acclamait.

— Aha ha ha ! En marche arrière !

F-F-Foxy se précipita pour être le suivant. Il se fraya un chemin jusqu'au sanglier, et se pencha vraiment en arrière, comme si ses jambes étaient en élastique.

Les yeux de la foule s'agrandirent en regardant le renard se pencher si bas.

— Waaaaaaaaaouh !

La queue de F-F-Foxy s'agitait d'avant en arrière, balayant le sol alors qu'il faisait du limbo en dessous du sanglier.

Les spectateurs applaudirent à tout rompre lorsqu'il atteignit l'autre côté du sanglier.

— Hourra !

— Tu as balayé le sol !

'Very kind of you, Mate!'

'Next!'

'Ha ha ha! Watch me!' Little Foxy laughed as he raced to the boar. When he got to him, he leaned backward, then took small hops forward, till he got under the boar's belly. His whiskers were so close that they tickled the boar's skin.

The boar sneezed, 'Aaaah-choooooooooo!' His stomach pushed down onto Little Foxy. *Bam!* The fox fell to the floor. The boar sneezed again, so hard that he lost his footing and fell on top of Little Foxy. *Splat!*

The crowd jumped up and down, laughing and pointing at Little Foxy's furry legs and arms poking out from under the fat boar. 'Ha ha ha! That dude has been squished by a boar! Ha ha ha!

Magali laughed the loudest. 'HA HA HA!'

Another voice, far up in the trees, laughed too.

— C'est très gentil de ta part, mon pote !

— Suivant !

Little Foxy rigolait en courant vers le sanglier.

— Aha ha ha ! Regardez-moi !

Quand il arriva devant lui, il se pencha en arrière, et fit de petits sauts, jusqu'à ce qu'il soit sous le ventre du sanglier. Ses moustaches étaient si proches qu'elles chatouillaient la peau du sanglier.

Le sanglier éternua :

— A-tchouuuuuuuuum !

Son abdomen poussa Little Foxy. *Vlan !* Le renard tomba sur le sol.

Le sanglier éternua encore, si fort qu'il perdit pied et tomba sur Little Foxy. *Crash !*

La foule sauta de haut en bas, riant et montrant du doigt les jambes et les bras de Little Foxy qui dépassaient du gros sanglier.

— Aha ha ha ! Ce mec a été écrasé par le sanglier ! Aha ha ha !

Magali rit le plus fort.

— AHA HA HA !

Une autre voix, loin dans les arbres, riait aussi.

'Keeeeeeeeeek kiki kak! Flat Fox! Flat Fox! Keeeeeeeeeek kiki kak!'

Bruno The Italian Stag shouted to the crowd. 'Now, for the bigger dudes! Ibex and chamois, line up! It's our turn! We limbo under this spotty deer!'

Chamois Luc and Chamois Loic raced to be at the front of the line, but suddenly, the spectators pointed to the sky. 'Look!'

Ten brown owls flew in. They flapped their wings, creating a big gush of wind. They flew in circles, above the crowd. The largest one shouted down, 'This party is over! You're making too much noise! Time to leave!'

An Italian boar shouted up, 'Nah Man! We're celebrating!'

Other animals shouted too.

'The party's only just begun, Dude!'

'What do you mean we're making too much noise?!'

'Come on, Bro!'

'You must be kidding!'

— Keeeeeeeeeek kiki kak ! Renard plat ! Renard plat ! Keeeeeeeek kiki kak !

Bruno Le Cerf Italien cria aux animaux :

— Maintenant, pour les grands ! Les bouquetins, les chamois, en ligne ! C'est notre tour ! On fait du limbo par-dessous ce chevreuil tacheté !

Chamois Luc et Chamois Loic firent la course pour être en tête de la file, mais tout à coup, les spectateurs montrèrent du doigt le ciel.

— Regardez !

Dix hiboux bruns s'envolèrent. Ils battirent des ailes, créant un grand coup de vent. Ils planaient en cercle, au-dessus de la foule. Le plus grand cria :

— La fête est finie ! Vous faites trop de bruit ! Il est temps de partir !

Un sanglier italien cria :

— Non, mec ! On fait la fête !

D'autres animaux crièrent aussi.

— La fête ne fait que commencer, mon pote !

— Comment ça, on fait trop de bruit ?

— Allez, frèro !

— Tu plaisantes !

'This is a joke, right?'

'What are you talking about?!'

The large owl frowned as he flapped his wings. He shouted in a very firm tone, 'You must leave! You're disturbing the peace!'

'Who are you? The police?' shouted the boar.

'Yes. We are the police!' The owl flew closer to the boar.

The boar suddenly looked around to his mates, trying to shrink away from the owl's sharp talons.

Bruno The Italian Stag stood tall. He called up to the owls. '*Buonasera*, Police Owls! Would care to join us? We have a little Limbo game about to start? What do you think? Fun, no?' He nodded towards the spotty deer.

The chief police owl hovered in the sky. He looked down to the spotty deer, then across to his fellow police owls. Turning back to the stag, he said, 'Limbo, you say?'

Bruno The Italian Stag nodded.

— C'est une blague, non ?

— De quoi tu parles ?

Le grand hibou fronça les sourcils en battant des ailes. Il cria d'un ton très ferme :

— Vous devez partir ! Vous perturbez la paix !

— Qui êtes-vous ? La police ? cria le sanglier.

— Oui. Nous sommes la police !

Le hibou se rapprocha du sanglier.

Le sanglier regarda soudain ses compagnons, essayant de se soustraire aux serres acérées du hibou.

Bruno Le Cerf Italien se tenait debout. Il dit aux hiboux :

— *Buonasera*, Hiboux de la Police ! Voulez-vous nous rejoindre ? Nous avons un petit jeu de Limbo qui va commencer ? Qu'en pensez-vous ? Sympa, non ?

Il fit un signe de tête vers le chevreuil tacheté.

Le chef des hiboux de la police planait. Il regarda en bas le chevreuil tacheté, puis ses collègues hiboux. Se retournant vers le grand cerf, il dit :

— Limbo, tu dis ?

Bruno Le Cerf Italien acquiesça.

The police owl looked at his colleagues once more, then he nodded. 'We'll stay for *one* game!'

'Hurrah!' The crowd cheered, jumped up and down, chanting, *'Limbo! Limbo! Limbo!'*

Chamois Luc and Chamois Loic started pawing the dirt, getting ready to dance towards the spotty deer.

The Owl Police Chief pushed in front. 'If you will excuse me, I go first, yes? I am, after all, a guest, no?'

Chamois Luc took a step back. 'After you.'

The Owl Police Chief smiled at the chamois, but then he frowned as looked to the next chamois. '*Mama mia!* It's the same! Look!' He waved his fellow owl colleagues over.

The owls hovered over the chamois brothers, flying in close to their faces.

'Even the stripes are identical!'

Le Hibou de la Police regarda une fois de plus ses collègues, et il hocha la tête.

— Nous resterons pour une partie !

— Hourra !

La foule applaudit, sautant et chantant *"Limbo ! Limbo ! Limbo !"*

Chamois Luc et Chamois Loic commencèrent à tripoter la terre, se préparant à danser vers le chevreuil tacheté.

Le chef de la police poussa devant.

— Si vous voulez bien m'excuser, je commence, oui ? Je suis, après tout, un invité, non ?

Chamois Luc recula.

— Après vous.

Le chef de la police des hiboux sourit au chamois, mais ensuite, il fronça les sourcils en regardant le chamois suivant.

— *Mama mia !* C'est le même ! Regardez !

Il fit signe à ses collègues hiboux de venir.

Les hiboux planaient au-dessus des frères chamois, volant tout près de leurs visages.

— Même leurs rayures sont identiques !

'Amazing!'

'Oooooh!'

'How does your mother tell you apart?'

'Wow! Wee! Double trouble!'

Bruno The Italian Stag coughed. 'Ahem! Are we ready for our Limbo?'

The Owl Police Chief looked up. 'Oh yes! *Scusi!* I am ready!' He flew towards the spotty deer, and as he got closer, he dipped low and glided very close to the ground.

'Oooooooooooh!' The crowd gasped at the low-flying owl.

The Owl Police Chief yelled out, 'I am an expert limbo player!' He pulled in his wings a little as he flew straight between the deer's legs, without touching the deer's stomach, or the ground. Once on the other side, the owl flew straight up into the air.

'Bravo!' The crowd jumped up and down, cheering.

— Incroyable !

— Oooooh !

— Comment votre mère peut-elle vous différencier ?

— Oh la la ! Double ennui !

Bruno Le Cerf Italien toussa.

— Ahem ! Sommes-nous prêts pour notre Limbo ?

Le chef de la police des hiboux leva les yeux.

— Oh oui ! *Scusi !* Je suis prêt.

Il vola vers le chevreuil tacheté, et en se rapprochant, il glissa très près de la terre.

La foule haleta pendant que le hibou volait bas.

— Ooooooooooh !

Le chef de la police cria :

— Je suis un expert en limbo !

Il serra un peu ses ailes et vola directement sous le chevreuil qui se tenait immobile, sans toucher le ventre du chevreuil ni le sol. Une fois de l'autre côté, le hibou s'envola vers les étoiles.

Les animaux sautèrent en l'air et applaudirent.

— Bravo !

The next owl flew between the deer's legs, followed by the next one. They glided effortlessly, raising their wings in the air when they reached the other side. The whole police owl team did the same, and the crowd cheered them on.

Bruno The Italian Stag leaned into the chamois brothers and whispered, 'They can't really lose, can they? I mean, come on, they are owls. But, they are also the police.' The stag looked over to the owls and shouted, 'Very impressive!'

Chamois Luc and Chamois Loic tapped their hooves into the dirt, getting ready for their turn.

Aaaaaaaaaaaaaooouuuuuuuuuuuuuuuuuuuuuuuuuu.

Every single animal froze. Their ears sprang up. Their eyes filled with fright.

The hungry howling came again.

Aaaaaaaaaaaaaooouuuuuuuuuuuuuuuuuuuuuuuuuu.

The crowd scattered in every direction, like fireworks going off. *Zip! Zip! Zip! Pop! Pop! Pop! Zip! Zip! Zip! Pop! Pop! Pop!*

Rabbits hopped, weasels scurried, lizards raced, deer dashed, and foxes ran towards the forest.

Le hibou suivant s'envola entre les jambes du chevreuil, et puis le suivant. Ils planaient sans effort, levant leurs ailes en l'air lorsqu'ils atteignaient l'autre côté. Toute l'équipe des hiboux de la police fit de même, et la foule les acclama.

Bruno Le Cerf Italien se pencha près des frères chamois et murmura :

— Ils ne peuvent pas vraiment perdre, n'est-ce pas ? Je veux dire, quand même, ce sont des hiboux. Mais, ils sont aussi la police.

Puis, il regarda les hiboux, et cria :

— Très impressionnant !

Chamois Luc et Chamois Loic tapèrent leurs sabots sur le sol, se préparant pour leur tour.

— *Aaaaaaaaaaaaaoooouuuuuuuuuuuuuuuuuuuuuuuuu.*

Tous les animaux se figèrent. Leurs oreilles se dressèrent. Leurs yeux se remplirent d'effroi.

Le hurlement de la faim recommença.

— *Aaaaaaaaaaaaaoooouuuuuuuuuuuuuuuuuuuuuuuuu.*

La foule se dispersa dans toutes les directions, comme un feu d'artifice. *Bang ! Pang ! Pan ! Pam ! Bang ! Pang ! Pan ! Pam !* Les lapins sautillaient, les belettes se précipitaient, les lézards couraient, les chevreuils s'élançaient et les renards couraient vers la forêt. Les

The ibex and chamois ran straight up the enormous cliff. The Police Owls flapped their wings above, shouting, 'Hurry! Wolves!'

Chamois Luc and Chamois Loic raced to Magali and Mishka. 'Get on!' The marmot and rabbit scrambled on.

Henri Le Hare, F-F-Foxy, and Little Foxy had already jumped onto Puppy Bébé's back. They were already ahead, running towards the French border.

Animals of all sizes continued to run in every direction, criss-crossing each other, looking to escape.

Aaaaaaaaaaaaaooouuuuuuuuuuuuuuuuuuuuuuuuuu.

The long howls were close. Chamois Luc used all his muscles to push his legs faster, running between fleeing boar, deer, rabbits, weasels, and foxes. Magali gripped on to his fur, just as Mishka did with Chamois Loic.

Smash! Smash! Two ibex crashed into the two chamois. Magali and Mishka went flying through the air.

bouquetins et les chamois couraient tout droit vers l'énorme falaise.

Les hiboux de la police battaient des ailes au-dessus en criant :

— Vite ! Les loups !

Chamois Luc et Chamois Loïc coururent vers Magali et Mishka.

— Montez !

La marmotte et le lapin grimpèrent sur leurs dos.

Henri Le Lièvre, F-F-Foxy, et Little Foxy avaient déjà sauté sur le dos de Puppy Bébé. Ils étaient déjà en tête, courant vers la frontière française.

Les animaux de toutes tailles continuaient à courir dans tous les sens, s'entrecroisant, cherchant à s'échapper.

— *Aaaaaaaaaaaaooouuuuuuuuuuuuuuuuuuuuuuuuuu.*

Les longs hurlements étaient proches. Chamois Luc utilisa tous ses muscles pour pousser ses jambes plus vite, courant entre les sangliers, les chevreuils, les lapins, les belettes et les renards en fuite. Magali s'accrochait à sa fourrure, tout comme Mishka le faisait avec Chamois Loïc.

Crash ! Crash ! Deux bouquetins percutèrent les deux chamois. Magali et Mishka s'envolèrent dans les airs.

They flew far across, landing on the rocky ground. *Thump! Thump!* Magali's nose sniffed. The scent of wolves was too close. She jumped up, grabbed Mishka's paw and dragged him. 'Hurry! They're coming!'

The two friends ran. The wolves got closer.

Mishka closed his eyes as he ran, 'Please, Grandpa Klaas, help!'

Grrrrrrrrrrrrrrrrrrrrrrrrrrrrrrrrrrrrrrrrrrrr!

Magali burst into tears.

Swoooooooosh! Magali flew up in the air.

Swiiiiiiiiiiiiiiish! Mishka was pulled up in the air, next to her.

Hanging in the talons of the Owl Police Chief, Magali looked across to Mishka. He was swinging back and forth in the talons of another police owl.

Whooooooooooooooooooooot! The Owl Police Chief whistled in the sky. 'Take them to the French border. Fast!' He flung Magali through the air like a football. *Swoooooooooooooosh!*

Ils volèrent une bonne distance et atterrir sur le sol rocheux. *Vlan ! Paf !* Le nez de Magali renifla. L'odeur des loups était trop proche. Elle sauta, attrapa la patte de Mishka, et l'entraîna.

— Dépêche-toi ! Ils arrivent !

Les deux amis coururent. Les loups se rapprochaient.

Mishka ferma les yeux en courant.

— S'il te plaît, Grand-père Klaas, aide-nous !

— *Grrrrrrrrrrrrrrrrrrrrrrrrrrrrrrrrrrrrrrrrrrr !*

Magali éclata en sanglots.

Swooooooosh ! La marmotte s'envola dans les airs.

Swiiiiiiiiiiiiiiish ! Le lapin était soulevé en l'air, à côté d'elle.

Suspendue aux serres du Chef de la Police des hiboux, Magali regarda Mishka. Il se balançait d'avant en arrière dans les serres d'un autre hibou de la police.

Le chef de la police siffla dans le ciel.

— *Pffuuuuuuiiiiiiiiiiiiiiiiiiiiiit !* Emmenez-les à la frontière française. Vite !

Il projeta Magali dans les airs comme un ballon de foot. *Swoooooooooooooooosh !*

A medical eagle dove and caught her. *Swiiiiiiiiiiiiiiiiish!*

Mishka got flung across the air, too, to another medical eagle.

As the two friends flew in the talons of the eagles, Magali looked down. There were only a few animals left. They were running, trying to find places to hide. Her eyes searched for Chamois Luc, but she didn't see him. She looked up to the eagle carrying her. His magnificent black wings spread out so far in the sky, flapping up and down as he carried her towards the French border. Soon, she heard a distinct voice in the distance. The voice said, 'Italy! France! Italy! France!' She looked down. On the ground, Henri Le Hare jumped back and forth over a line.

Magali opened her mouth to say, 'Stop!' but the eagles zoomed past the hare, foxes, and puppy. They kept flying, and eventually glided lower and lower. When they got close enough to the ground, they opened their talons and released the marmot and the rabbit. Magali and Mishka dropped softly to the ground.

'We must get back to the others!' said Magali's eagle, turning and flying back with his colleague.

Un aigle médical plongea et l'attrapa. *Swiiiiiiiiiiiiiish !*

Mishka fut projeté dans les airs aussi, vers un autre aigle médical.

Alors que les deux amis volaient, portés par les serres des aigles, Magali regardait en bas. Il ne restait que quelques animaux. Ils couraient, essayant de trouver des endroits où se cacher. La marmotte cherchait Chamois Luc, mais elle ne le vit pas. Elle leva les yeux vers l'aigle qui la portait. Ses magnifiques ailes noires s'étendaient si loin dans le ciel, battant de haut en bas tandis qu'il la portait vers la frontière française.

Bientôt, elle entendit une voix distincte au loin. La voix dit :

— L'Italie ! La France ! L'Italie ! La France !

La marmotte regarda en bas. Henri Le Lièvre sautait d'avant en arrière au-dessus d'une ligne.

Magali ouvrit la bouche pour dire *"Stop"*, mais les aigles passèrent en trombe au-dessus du lièvre, des renards et du chiot. Ils continuaient à voler, et finalement planaient de plus en plus bas. Quand ils furent assez près du sol, ils ouvrirent leurs serres et libérèrent la marmotte et le lapin. Magali et Mishka tombèrent doucement sur la terre.

— Nous devons rejoindre les autres, dit l'aigle de Magali en se retournant et en volant avec son

'Thank you very, very, very much!' Mishka waved after them.

'Thank you!' Magali shouted, waving. *'Bueni Seeyeera!'*

The little friends watched their saviours fly away. Then, in the silence of the night, they looked around at the unfamiliar mountain. They searched as far as their eyes could look. Nothing. No friends. Just the two of them.

Magali's bottom lip trembled. She dabbed her eyes, trying to stop her tears from falling.

A voice from high up in the trees laughed down at the two friends. 'Keeeeeeeeeek kiki kak! Lost Losers! Lost Losers! Keeeeeeeeeek kiki kak!'

collègue.

Mishka les salua d'un signe de la patte.

— Merci beaucoup, beaucoup, beaucoup !

— Merci ! cria Magali en faisant un signe de la patte. *Bueni Seeyeera !*

Les petits amis regardèrent leurs sauveurs s'envoler. Puis, dans le silence de la nuit, ils observèrent la montagne inconnue. Ils cherchèrent aussi loin que leurs yeux pouvaient regarder. Rien. Pas d'amis. Juste eux deux.

La lèvre inférieure de Magali trembla. Elle se tamponna les yeux, essayant d'empêcher des larmes de couler.

Une voix venant de très haut dans les arbres se moqua des deux amis.

— Keeeeeeeeek kiki kak ! Les Perdants ! Les Perdants ! Keeeeeeek kiki kak !

Chapter 8
Fluffy Tickles

'It's not that bad,' said the rabbit, hopping down the steep slope.

'Not that bad?! Mishka! This evening has been nuts. First of all, I didn't even know we were going to another country!' Magali stared at her friend with her black eyes.

Mishka waved his paws in the air. 'It was a surprise!'

'Some surprise!' Magali shook her head. 'I nearly died falling down a crevice!

'Me too!'

Chapitre 8
Ça Chatouille !

— Ce n'est pas si grave, dit le lapin en sautant le long de la pente raide.

Magali fixa son ami de ses yeux noirs.

— Pas si grave ? Mishka ! Cette soirée a été folle. D'abord, je ne savais même pas qu'on allait dans un autre pays.

Mishka agita ses pattes en l'air.

— C'était une surprise !

La petite marmotte secoua la tête.

— Et quelle surprise ! J'ai failli mourir en tombant dans une crevasse !

— Moi aussi !

'I got stuck up on a rock face!'

'But you got down.'

'I nearly got eaten by wolves!'

'Me too! And, we didn't! We got airlifted back home.'

'We're not home, Mishka, are we?!' Magali scrunched her paws into little balls. She screamed, 'We're lost!'

'Not exactly lost.'

'Oh, yeah?'

'Yeah!' Mishka's Dutch accent was really thick.

'Do you know where we are?'

'We're in France.'

Magali kicked the dirt. 'Do you know how to get home?'

'Yeah!' Mishka crossed his fingers behind his back.

'Really?'

'Yeah!' He double-crossed his fingers.

— Je suis restée coincée en haut d'une falaise !

— Mais tu es descendue.

— J'ai failli être mangée par des loups !

— Moi aussi ! Et on ne l'a pas été ! On a été ramenés à la maison par aigle.

— On n'est pas à la maison, Mishka, hein ! cria la marmotte. On est perdus !

— Pas vraiment perdus.

— Ah bon ?

— Oui.

L'accent néerlandais de Mishka était très prononcé.

— Tu sais où on est ? demanda la marmotte.

— On est en France.

Magali donna un coup de pied dans la terre. Elle dit :

— Tu sais comment rentrer à la maison ?

Le lapin croisa ses doigts derrière son dos et dit :

— Oui.

— Vraiment ?

Il double-croisa ses doigts.

Fat tears sprang out of Magali's eyes. 'I don't believe you.'

Mishka hugged his mate. Then he looked up to the twinkling stars and whispered, 'Come on, Grandpa Klaas. Help us out, yeah?'

Suddenly, something at Magali's feet made her jump. She looked down. Three Saint Bernard puppies licked her toes. Their baby tails wagged back and forth as they licked.

Mishka bent down to pat the puppies. They jumped on him, knocking him to the ground. The pups licked the rabbit's eyes, nose, ears, forehead, and mouth. 'Hey! Get off!' Mishka giggled as little red tongues licked him all over. 'Ha ha ha!'

Magali's tears stopped and she started laughing. 'Ha ha ha! I can't even see you, Mishka. Too much fluffy fur!'

'Get them off me!'

— Oui !

De grosses larmes jaillirent des yeux de Magali.

— Je ne te crois pas.

Mishka prit son amie dans ses bras. Puis, il leva les yeux vers les étoiles scintillantes et murmura :

— Allez, Grand-père Klaas. Aide-nous, dac ?

Soudain, quelque chose aux pieds de Magali la fit sursauter. Elle regarda en bas. Trois chiots Saint-Bernard lui léchaient les orteils. Leurs queues remuaient tandis qu'ils la léchaient.

Mishka se pencha pour caresser les chiots et ils lui sautèrent dessus, le faisant tomber à terre. Les chiots léchaient les yeux, le nez, les oreilles, le front et la bouche du lapin.

— Hé ! Descendez !

Le lapin gloussait alors que des petites langues rouges le léchaient partout.

— Aha ha ha !

Les larmes de Magali cessèrent et elle se mit à rire.

— Aha ha ha ! Je ne peux même pas te voir, Mishka. Trop de peluches !

— Enlève-les !

Mishka tried to push the puppies off, but they were heavy.

Magali shook her head. 'No. I think they should stay there forever. Ha ha ha!'

'Come on, Magali! Please!'

The marmot bent down to pick up a puppy, but he jumped on her, knocking her to the ground, too. The puppy licked her left eye, then her right. Then, he licked her tiny ears, her cheeks, and her mouth.

'Not the mouth!' Magali tried to push the little puppy off, but he kept moving about and licking.

'Help!' said Magali, through her laughter. She called up to the sky. 'Help us, Moon! Help us, Stars! We've been ambushed by cute puppies!'

The hare's voice came from out of nowhere. 'Squealer?! Dude! We leave you with wolves, and find you with puppies?'

Le lapin essaya de repousser les chiots, mais ils étaient lourds.

Magali secoua la tête.

— Non. Je pense qu'ils devraient rester là pour toujours. Aha ha ha !

— Allez, Magali ! S'il te plaît !

Magali se pencha pour prendre un chiot, mais il lui sauta dessus, la faisant tomber à terre elle aussi. Le chiot lui lécha l'œil gauche, puis l'œil droit. Puis, il lécha ses petites oreilles, ses joues et sa bouche.

— Pas la bouche !

Magali essaya de repousser le petit chiot, mais il continuait à bouger et à lécher.

— Au secours ! dit la marmotte en riant.

Elle appela le ciel.

— Aidez-nous, La Lune ! Aidez-nous, Les Étoiles ! Nous avons été pris en embuscade par de mignons chiots !

Soudain, la voix du lièvre sortit de nulle part.

— Jelly Belly ? Chaton ! On te laisse avec des loups, et on te retrouve avec des chiots ?

La tête de la marmotte se leva.

Magali's head shot up. 'Henri Le Hare?'

Mishka pushed the puppies to one side and sat up. 'How did you find us?'

F-F-Foxy, Little Foxy, Puppy Bébé, and Henri Le Hare looked down at the marmot and the rabbit.

'Are you crazy?!' said the hare. 'We've been worried about you, thinking you were in danger! And all along you've been playing with puppies?!'

Mishka straightened his glasses. 'Well, we... '

F-F-Foxy threw his paws in the air. 'Man, that is so selfish!'

Mishka rubbed his nose. 'Well, we... '

'We've been stressing about you!' Little Foxy's eyes were wide with disbelief.

Puppy Bébé barked loudly into the night. *Ruff! Ruff, ruff, ruff!*

— Henri Le Lièvre ?

Mishka poussa les chiots sur le côté et s'assit.

— Comment tu nous as trouvés ?

F-F-Foxy, Little Foxy, Puppy Bébé et Henri Le Lièvre regardaient la marmotte et le lapin.

— Êtes-vous fous ? dit le lièvre. On était inquiet pour vous. On pensait que vous étiez en danger ! Et pendant tout ce temps, vous jouez avec des chiots ?

Mishka redressa ses lunettes.

— Eh bien, nous...

F-F-Foxy jeta ses pattes en l'air.

— C'est tellement égoïste !

Mishka se frotta le nez.

— Eh bien, en fait...

Les yeux de Little Foxy étaient écarquillés par l'incrédulité.

— On était inquiets pour vous !

Puppy Bébé aboya bruyamment dans la nuit.

— *Whoauf ! Whoauf ! Whoauf !*

Magali dit :

Magali said, 'Why are you barking?'

'Chamois Luc is worried sick about you,' Puppy Bébé bubbled.

'Oh.'

Henri Le Hare looked at the marmot. 'Oh? Is that all you have to say? Unbelievable!' He threw his paws in the air.

Pushing the puppies aside again, Mishka said, 'Wait, it's not what it looks like. It's... '

'Unbelievable!' F-F-Foxy shook his head.

'Really out of order,' said Little Foxy, shaking his head too.

Mishka stood up. 'Well, it's not like that.'

Chamois Luc and Chamois Loic raced down the mountain, tearing up the dirt. Clouds of dust rose up as they stopped in front of the group.

'Thank goodness you're alright!' said Chamois Luc, huffing and puffing as he looked at the marmot and rabbit.

'Oh, they're alright!' said Henri Le Hare, jumping onto Puppy Bébé's back.

— Pourquoi tu aboies ?

— Chamois Luc est mort d'inquiétude pour vous, bouillonna Puppy Bébé.

— Oh.

Henri Le Lièvre regarda la marmotte.

— Oh ? C'est tout ce que tu as à dire ? Incroyable !

Il jeta les pattes en l'air.

Repoussant les chiots encore une fois, Mishka dit :

— Attendez, ce n'est pas ce que vous croyez. C'est...

F-F-Foxy secoua la tête.

— Incroyable !

— Vraiment pas cool, dit Little Foxy en secouant la tête, lui aussi.

Mishka se leva.

— Eh bien, ce n'est pas ce que vous croyez.

Chamois Luc et Chamois Loic dévalèrent la montagne, déchirant la terre. Des nuages de poussière se soulevèrent lorsqu'ils s'arrêtèrent devant le groupe.

— Dieu merci, vous allez bien ! dit Chamois Luc, soufflant en regardant la marmotte et le lapin.

— Oh, ils vont bien, dit Henri Le Lièvre en sautant

'Really alright!' said F-F-Foxy, jumping on behind the hare.

'As right as can be!' said Little Foxy. He jumped up onto the puppy, too.

Puppy Bébé bubbled, 'Gotta go. If my papa finds me gone, I'm in big trouble. Bye-bye!'

The puppy bounded away, carrying the hare and foxes.

Mishka called out after them. 'Wait! It's not what you think!' but they'd already disappeared into the forest.

Chamois Luc looked at Mishka. 'What's not what you think?' The puppies ran and jumped from Chamois Luc to Chamois Loic, licking their legs. Chamois Luc laughed. 'Hey, that tickles!'

'Oooh, that feels funny,' Chamois Loic chuckled.

The brothers backed away, but the puppies followed them, and continued licking their legs.

sur le dos de Puppy Bébé.

— Très bien ! dit F-F-Foxy en sautant derrière le lièvre.

— Super bien ! dit Little Foxy.

Il monta aussi.

Puppy Bébé bouillonna :

— Je dois y aller. Si mon papa s'aperçoit que je suis parti, je vais avoir de gros problèmes. *Bye-bye* !

Le chiot bondit au loin, emportant le lièvre et les renards.

Mishka appela après eux :

— Attendez ! Ce n'est pas ce que vous pensez !

Mais, ils avaient déjà disparu dans la forêt.

Chamois Luc regarda Mishka.

— Qu'est-ce qui n'est pas ce qu'ils pensent ?

Les chiots sautèrent vers Chamois Luc et Chamois Loic, léchant leurs jambes. Chamois Luc rit.

— Hé, ça chatouille !

— Oooh, ça fait drôle, ricana Chamois Loic.

Les frères reculèrent, mais les chiots les suivirent et continuèrent à leur lécher les jambes.

'Hey! Stop it! That tickles, I said! Stop! We've got to get home!'

Magali said, 'Yes! I really need to get home. If my parents find out I've snuck out, I'll be in huge trouble.'

'Keeeeeeeeeek kiki kak! Too late! Too late! Keeeeeeeeeek kiki kak!' The tree-voice high above laughed.

Inside Magali's burrow, Magali's mother paced up and down the kitchen. She bit her claws as she tried to think. 'Where could she be? I don't understand!'

'Chérie, calm down!' Magali's father placed a paw on his wife's shoulder.

'Don't tell me to calm down, Mon Amour!' Magali's mother shrugged her husband's paw away. 'Our daughter is missing! How can I calm down?!'

Earlier in the evening, when the front had door clicked, Magali's aunt awoke from her sleepwalking. 'Oh! I'm in the kitchen?!' She looked at the half-eaten apricot in her paw. Then, something had made her look at the front door.

— Hé ! Arrêtez ! Ça chatouille, j'ai dit ! Arrêtez ! Il faut qu'on rentre à la maison !

Magali dit :

— Oui, il faut vraiment que je rentre. Si mes parents découvrent que je suis sortie en cachette, je vais avoir de gros problèmes.

La voix des arbres, là-haut, rit :

— Keeeeeeeeek kiki kak ! Trop tard ! Trop tard ! Keeeeeeeek kiki kak !

Chez Magali, sa maman faisait les cent pas dans la cuisine. Elle se mordait les griffes en essayant de réfléchir.

— Où peut-elle bien être ? Je ne comprends pas.

— Chérie, calme-toi.

Le père de Magali posa une patte sur l'épaule de sa femme. Elle repoussa la patte.

— Ne me dis pas de me calmer, Mon Amour ! Notre fille a disparu ! Comment pourrais-je me calmer ?

Plus tôt dans la soirée, lorsque la porte d'entrée avait claqué, la tante de Magali s'était réveillée de son somnambulisme. *Oh ! Je suis dans la cuisine ?* Elle nota l'abricot à moitié mangé dans sa patte. Puis, quelque chose lui avait fait regarder la porte d'entrée. Elle se

She waddled over to it and pushed. 'Ahhhh!' she gasped. She was sure her brother-in-law had locked it earlier. She stuck her head out into the fresh night air. She looked left and right. Nothing. She looked right and left. A lizard with a green body and blue head pointed down the mountain. Magali's aunt looked down the mountain. Nothing, just rocks, flower patches, and grass. She crept back inside the burrow and got back into bed.

'Princess?' Her husband rolled over in bed. 'Sleepwalking again? Everything, alright?'

'Yes. Go back to sleep.'

'You smell like apricots. Did you eat apricots?'

Magali's aunt ignored her husband. She lay in bed, looking at the wall. She whispered to herself, 'I'm sure he locked the front door.'

'Hmmmmm? Did you say something, Princess?'

'Nothing. Go back to sleep.' Magali's aunt lay, tapping her claws together. She whispered, 'Why was the door unlocked?'

dandina jusqu'à elle et la poussa.

— Ahhhh ! haleta la tante.

Elle était sûre que son beau-frère l'avait fermée à clé plus tôt. Elle sortit la tête. L'air frais de la nuit la frappa. Elle regarda de gauche à droite. Rien. Elle regarda de droite à gauche. Un lézard au corps vert et à la tête bleue pointait en direction du bas de la montagne. La tante regarda en bas. Rien. Que des rochers, des taches de fleurs et de l'herbe. Elle s'était glissée à l'intérieur du terrier et s'était recouchée.

Son mari se retourna dans le lit.

— Princesse ? Encore du somnambulisme ? Tout va bien ?

— Oui. Rendors-toi.

— Tu sens l'abricot. Tu as mangé des abricots ?

La tante ignora son mari. Elle s'allongea dans son lit, en regardant le mur. Elle se murmura à elle-même :

— Je suis sûre qu'il a fermé la porte d'entrée à clé.

— Hummm ? Tu as dit quelque chose, Princesse ?

— Rien. Rendors-toi.

La tante de la petite marmotte était allongée, tapant des griffes. Elle murmura :

— Pourquoi la porte n'était-elle pas verrouillée ?

Her husband rolled over. 'Hmmmmmmm? Unlocked? What's unlocked?'

'Nothing. Go back to sleep.'

Magali's aunt had stared at the ceiling for a long time. Finally, she shrugged her shoulders and closed her eyes. The second she closed her eyes, they sprung back open. 'Magali!' she said, loudly.

Roland pushed back the bark chips from their bed and stood up. 'Please, Princess! What is the matter? What about Magali?!'

The aunt sat up. 'I'm not sure.'

'What do you mean?'

Princess got out of bed. 'Let's check on Magali.'

They took one of the old wax candles hanging on the corridor wall and lit it. They raced through the long burrow, to the very end. They poked their heads into Magali's room and waved the candle around.

Roland ran to the bed. He pushed aside the bark chips.

Son mari la regarda.

— Quoi ? Pas verrouillée ? Qu'est-ce qui n'est pas verrouillé ?

— Rien. Rendors-toi.

La tante fixa le plafond pendant un long moment. Finalement, elle haussa les épaules et ferma les yeux. Dès qu'elle les ferma, elle les rouvrit.

— Magali ! dit-elle à voix haute.

Roland repoussa les copeaux d'écorce de leur lit et se leva.

— Pitié, Princesse ! Qu'est-ce qu'il y a ? Qu'est-ce qu'il y a avec Magali ?

La tante se redressa.

— Je ne suis pas sûre.

— Qu'est-ce que tu veux dire ?

Princesse sortit du lit.

— Allons voir Magali.

Ils prirent une des vieilles bougies accrochées au mur du couloir et l'allumèrent. Ils coururent à travers le long terrier, jusqu'au bout. Ils entrèrent dans la chambre de Magali et agitèrent la bougie.

Roland courut vers le lit. Il repoussa les copeaux

He looked around the empty room. 'Is she in with her parents?'

'I don't think so,' whispered Magali's aunt.

'What do you mean?'

'I think she's outside.'

'What?! At night?! What do you mean?'

'I just think so.'

'We have to wake up your sister.'

Now, in the kitchen, Magali's father tried to calm Magali's mother, who had just finished telling him not to calm her down.

'Where is she?!' Magali's mother's eyes filled with tears.

Magali's aunt hugged her sister. 'Try not to worry. Remember that time she went snowboarding?'

Magali's mother's mouth dropped. 'You think she's snowboarding again? She promised that was all over!'

'Of course she's not snowboarding!' said Magali's father. 'It's summer.'

d'écorce. Il regarda la chambre vide.

— Elle est avec ses parents ?

— Je ne pense pas, murmura la tante.

— Ça veut dire ?

— Je pense qu'elle est dehors.

— Quoi ? La nuit ? Qu'est-ce que tu veux dire ?

— Je le crois, c'est tout.

— Il faut réveiller ta sœur.

Maintenant, dans la cuisine, le papa de Magali essayait de calmer la maman de la petite marmotte, qui venait de finir de lui dire de ne pas la calmer.

Les yeux de la mère de Magali se remplirent de larmes.

— Où est-elle ?

La tante prit sa sœur dans ses bras.

— Essaie de ne pas t'inquiéter. Tu te souviens de la fois où elle a fait du snowboard ?

La maman tomba bouche bée.

— Tu crois qu'elle fait encore du snowboard ? Elle avait promis que c'était fini !

— Bien sûr qu'elle ne fait pas de snowboard, dit le

'Well, maybe she's doing something else with those animal friends! Why else would she be sneaking out?'

'We don't even know if she snuck out!' said Magali's father.

'Oh, no! Do you think someone came and took her?!' Magali's mother burst into tears and fell to her knees.

'No! I think she takes after her aunt.' murmured Magali's papa.

Princess said, 'What did you say?'

Magali's father hunched his shoulders and waved his paws. 'I'm just saying, I think sleepwalking must run in the family.' He looked at his weeping wife and said, 'Roland and I will go looking for her. You two stay here in case she comes back.'

'Hurry, Mon Amour! Find her!' Magali's mother sunk down at the kitchen table.

The two male marmots raced up the stairs and climbed out the front door.

père. C'est l'été.

— Mais peut-être qu'elle fait autre chose avec ses copains, les autres animaux ! Pour quelle autre raison ferait-elle le mur ?

— On ne sait même pas si elle est sortie en cachette, dit le père de Magali.

— Oh, non ! Tu crois que quelqu'un est venu la prendre ?

La mère se mit à pleurer et tomba à genoux.

Le papa murmura :

— Non ! Je crois qu'elle tient de sa tante.

— Qu'est-ce que tu as dit ? dit Princesse.

Le père haussa les épaules et agita ses pattes.

— Je dis juste que le somnambulisme doit être un trait de famille.

Il regarda sa femme qui pleurait toujours et dit :

— Roland et moi allons la chercher. Vous deux restez ici au cas où elle revienne.

— Dépêche-toi, Mon Amour ! Trouve-la !

La mère de Magali s'assit à la table de la cuisine.

Les deux marmottes mâles se précipitèrent vers les

Magali's mother wiped her tears. She called after them, 'Please, bring her back safely! She must be terrified being out all alone in the dark! Terrified!'

escaliers et sortirent par la porte d'entrée.

La maman de Magali essuya ses larmes et leur cria :

— S'il vous plaît, ramenez-la saine et sauve ! Elle doit être terrifiée d'être toute seule dans le noir ! Absolument terrifiée !

Chapter 9
Homeward Bound

'Eeeeeeeee! That tickles! Stop! Ha ha ha! Stop!' Magali pushed the licking ball of fluff away.

Madame Saint Bernard nodded to a silver bowl on the floor. 'Sure you won't stay for something to eat?'

Chamois Luc and Chamois Loic's stomachs flipped when they saw the raw meat chunks. 'No, thank you. Very kind,' they said, in unison. 'We just wanted to bring these guys back to you.'

The triplet puppies climbed over each other, biting each other's tails.

Chapitre 9
On Rentre

— Aha ha ! Ça chatouille ! Arrête ! rit Magali en repoussant la boule de poils qui la léchait.

Madame Saint-Bernard fit un signe de tête vers un bol en argent par terre.

— Sûrs que vous ne voulez pas rester pour manger quelque chose ?

Les estomacs de Chamois Luc et Chamois Loic se retournèrent quand ils virent les morceaux de viande crue.

— Non, merci. C'est très gentil, ils dirent à l'unisson. Nous voulions vous ramener les petits, c'est tout.

Les triplets se grimpaient les uns sur les autres, se mordant la queue.

Their father looked down at his youngsters. 'They're always escaping. Thank you for bringing them back to us.'

Mishka pushed his glasses up his nose, blinked four times. He said, 'Thank *you,* Sir! For saving us earlier tonight.'

Magali nodded. Her eyes softened, remembering how scared she had been. 'Yes. Thank you very, very, very much!'

Chamois Luc and Chamois Loic bowed before the big dog. 'We are forever indebted, my friend. Thank you.'

Madame Bernard pointed to the raw meat again. 'Are you sure you won't stay for... ?'

The chamois's stomachs somersaulted. Shaking their heads, they knelt on all fours. Magali climbed on one, and Mishka jumped on the other.

The twins said, 'Thank you, but we have to get back across the mountain range.'

Three balls of fluff run around their feet, licking hooves.

Leur père regarda ses chiots.

— Ils s'échappent toujours. Merci de nous les avoir ramenés.

Mishka remonta ses lunettes sur le nez. Il cligna quatre fois des yeux et dit :

— Merci à *vous*, Monsieur ! Pour nous avoir sauvés ce soir.

Magali hocha la tête. Son visage se radoucit, se rappelant combien elle avait eu peur.

— Oui ! Merci beaucoup, beaucoup, beaucoup !

Chamois Luc et Chamois Loïc s'inclinèrent devant le grand chien.

— Nous vous sommes à jamais redevables, mon cher compatriote. Merci.

Madame Bernard montra la viande crue à nouveau.

— Vous êtes sûrs de ne pas vouloir rester pour... ?

Les estomacs des chamois firent un bond. Secouant la tête, les frères se mirent à quatre pattes. Magali grimpa sur un chamois, et Mishka sauta sur l'autre. Les jumeaux dit :

— Merci, mais nous devons retraverser la montagne.

Trois boules de poils coururent autour de leurs pieds, léchant les sabots.

'Ha ha ha! That tickles!' said the brothers, smiling at the playful pups. Then, with a last nod of thanks, they trotted away.

The Saint Bernard family watched them race over the dirt path and disappear into the thick pine forest.

'Hold on!' Chamois Luc and Chamois Loic called to their little friends. They bounded straight down the steep mountain.

'Wooooooooaaaaaaah!' Magali clutched the chamois's fur as she bounced up and down on his back.

Mishka waved one paw in the air, like a rodeo king riding a bucking bull. 'Yeehaaaa!'

In the darkness, the twins raced over dead leaves and loose branches.

Magali shouted into the night air, 'Bye *Italia*! *Bueni Seeyeera!*

— Aha ha ha ! Ça chatouille ! dirent les chamois en souriant aux petits enjoués.

Puis, avec un dernier signe de tête de remerciement, ils partirent en trottinant.

La famille Saint-Bernard les regardait courir sur le chemin de terre et disparaître dans l'épaisse forêt de pins.

Chamois Luc et Chamois Loic dirent aux leurs petits amis :

— Accrochez-vous !

Ils bondirent tout droit vers le bas de la montagne escarpée.

Magali s'accrocha à la fourrure du chamois en rebondissant sur son dos.

— Waaaaaoouuuh !

Mishka agita une patte en l'air, comme un roi du rodéo sur un taureau.

— Youpiiiii !

Dans l'obscurité, les jumeaux couraient par-dessus des feuilles mortes et des branches détachées.

Magali cria dans l'air nocturne :

— *Bye Italia ! Bueni Seeyeera !*

Mishka yelled out, '*Ciao!*'

The foursome travelled straight down in the quiet of the night. Every now and then, they passed an animal on their path.

'Evening!' The chamois nodded to a family of weasels digging through dead leaves.

The weasels looked up. 'Evening.'

Further down the mountain, two lizards chased each other, playing Tag the Tail. They nearly ran straight into the path of the charging chamois. 'Oooops! Evening!' they called.

'Evening,' said the chamois, zigzagging past.

The lizards yelled after them. 'Hey! Didn't we see you at the rock climbing! You're the winners! Congratulations!'

Word travelled through the forest, and soon a line of animals came out of trees and bushes to wish the charging chamois congratulations.

A line of yellow eyes, of all sizes, lined the forest path.

Mishka cria :

— *Ciao !*

Le quatuor voyageait tout droit dans le calme de la nuit. De temps en temps, ils croisaient un animal sur leur chemin.

Les chamois firent un signe de tête à une famille de belettes qui fouillait dans les feuilles mortes.

— Bonsoir !

Les belettes levèrent les yeux.

— Bonsoir.

Plus bas dans la montagne, deux lézards se poursuivaient, jouant à se chatouiller la queue. Ils faillirent traverser devant les chamois qui chargeaient.

— Ouuups ! Bonsoir ! crièrent-ils.

— Salut, répondirent les chamois en zigzaguant.

Les lézards crièrent après eux.

— Hé ! On ne vous a pas vu à l'escalade ? Vous êtes les gagnants ! Félicitations !

La nouvelle se répandit dans la forêt, et bientôt une file d'animaux sortit des arbres et des buissons pour féliciter les chamois.

Une ligne d'yeux jaunes, de toutes tailles, apparut et

Soon, the chamois were racing past waving rabbits, boar, foxes, weasels, hedgehogs, hare, and deer. The animals cheered for the twins.

'Winners!'

'Champions!'

'We saw you tonight!'

'We were there!'

'Well done, Dudes!'

'Congratulations!'

The cheering animals threw blue flower petals, green herbs, red mushrooms, and yellow leaves over the chamois.

'Good job!'

'Awesome!'

'The best!'

'Wicked!'

Magali laughed as she dodged flying forest decorations.

Mishka opened his mouth wide open, trying to catch as many as possible.

bordait le chemin de la forêt. Bien vite, les chamois passèrent en vitesse devant des lapins, des sangliers, des renards, des belettes, des hérissons, des lièvres et des chevreuils. Les animaux saluaient et acclamaient les jumeaux.

— Les gagnants !

— Les champions !

— On vous a vu ce soir !

— On était là !

— Bien joué, les gars !

— Félicitations !

Les animaux joyeux jetaient des pétales de fleurs bleues, des herbes vertes, des champignons rouges et des feuilles jaunes sur les chamois.

— Bon travail !

— Génial !

— Les meilleurs !

— Superbe !

Magali rigolait en esquivant les décorations forestières volantes.

Mishka ouvrit grand la bouche, essayant d'en attraper le plus possible. Une feuille jaune se colla sur

A yellow leaf flew up and stuck onto his glasses, and a blue petal landed in his left ear.

'Ha ha ha!' laughed Magali, pointing over to Mishka.

The animals threw more and more petals, herbs, mushrooms, and leaves.

'Woo-hoo!'

'You guys were so fast!'

'Way to go, brothers!'

'It was rad!'

'So awesome!'

'You're so cool!'

'You did it!'

The brothers nodded each time the animals shouted out, but they didn't stop running. They sped straight down and eventually away from the cheering animals.

The forest became still and quiet again, except for the noise of their hooves pounding the ground. It wasn't long until they arrived at the bottom of the mountain. The chamois poked their heads out of the trees and looked left and right.

le verre de ses lunettes, et un pétale bleu atterrit dans son oreille gauche.

— Aha ha ha ! rigola Magali en montrant le lapin du doigt.

Les animaux lancèrent de plus en plus de pétales, d'herbes, de champignons et de feuilles.

— Youpi !

— Vous avez été si forts !

— Bien joué, mes frères !

— C'était génial !

— Impressionnant !

— Vous êtes trop cool !

— Vous avez réussi !

Les frères hochaient la tête à chaque fois que les animaux criaient, mais ils ne s'arrêtèrent pas de courir. Ils filèrent droit vers le bas, finalement loin des animaux.

La forêt redevint calme et silencieuse, à l'exception du bruit des sabots qui martelaient le sol. Il ne leur fallut pas longtemps pour arriver au pied de la montagne. Les chamois passèrent leurs têtes hors de la forêt et regardèrent du gauche à droite. Puis, ils sprintèrent sur la route bitumée et rentrèrent dans une

Then, they sprinted over the bitumen road, and into another forest.

This time, they ran straight up. 'Hold on!' The twins bounded upwards. Magali leaned close to the chamois's back, avoiding scratchy tree branches.

Mishka tried to do the same. He called over to Magali, 'I don't feel so good.'

'Yeah?'

'Yeah.'

'Oh.'

'And my bottom is starting to feel numb!'

'Mine's not!' shouted Magali.

'Because yours is so big! Like a cushion!'

'Yes!' Magali nodded, but then she frowned when she remembered her bald patch. More fur had fallen out tonight when they fell down the crevice. Her aunt thought her bald patch was linked with food. Earlier at lunchtime, Magali had reached for the cherries, and her aunt had slapped her paw.

'None for you, Magali! You're allergic!'

autre forêt.

Cette fois, ils coururent tout droit vers le haut.

— Accrochez-vous !

Magali se pencha très près du dos du chamois, évitant les branches d'arbres qui griffaient.

Mishka essaya de faire de même. Il cria à Magali :

— Je ne me sens pas très bien.

— Ah bon ?

— Ouais.

— Oh.

— Et je commence à avoir les fesses engourdies !

— Pas moi ! s'écria Magali.

— Parce que les tiennes sont si grosses ! Comme un coussin !

Magali acquiesça, mais elle fronça tout de suite les sourcils en se rappelant sa tache chauve. Encore plus de fourrure était tombée ce soir quand ils étaient tombés dans la crevasse. Sa tante pensait que sa tache chauve était liée à la nourriture. Plus tôt, à l'heure du déjeuner, Magali avait voulu des cerises et sa tante lui avait donné un coup de patte.

— Pas pour toi, Magali ! Tu es allergique !

Magali's face had dropped when she saw her mother, father, aunt, and uncle putting juicy cherries into their mouths.

'Mmmmmmmm.' Her father had patted his tummy. 'My favourite.'

Magali had sat up straight and said, 'I don't think I'm allergic. I think I can eat cherries. I'm sure I can.' She had reached for the cherry bowl, but her aunt had slapped her paw again.

'No, Magali. Stand up.'

'Pardon?'

'Stand up, I said! And turn around.'

Magali had slumped her shoulders, stood, then turned around slowly.

'Aaaaaah!' Gasps came from the dining table as the four older marmots stared at the bald patch of skin on Magali's left bottom cheek.

'When is her fur going to grow back?' Magali's mother said.

Le sourire de Magali avait disparu quand elle vit sa maman, son papa, sa tante et son oncle mettre des cerises juteuses dans leur bouche.

Son père avait tapoté son ventre.

— Miam miam. Mes préférées.

Magali s'était redressée et avait dit :

— Je ne pense pas que je suis allergique. Je pense que je peux manger des cerises. Je suis sûre que je pourrais.

Elle avait attrapé le bol de cerises, mais sa tante lui avait encore tapé sur la patte.

— Non, Magali. Lève-toi.

— Pardon ?

— Debout, j'ai dit ! Et tourne-toi.

Les épaules affaissées, Magali s'était levée et s'était retournée lentement.

Des halètements arrivèrent tandis que les quatre marmottes adultes fixèrent la tache chauve sur la fesse gauche de Magali.

— Aaaaaah !

— Quand est-ce que sa fourrure va repousser ? demanda la maman de Magali.

Magali's aunt said, 'Run to the kitchen and get the dragonflies. Hurry up, Magali.'

Magali had run to the top shelf in the kitchen and had taken the dragonfly bowl back. Her aunt had made her say a prayer.

'Say it,' said Princess.

'Say it,' said her mother.

'Just say it,' said her uncle.

'Magali, please,' said her father.

Magali had bent her head. She looked at the dead dragonfly on the table and said, 'Thank you, Dragonfly.'

'For?' said her aunt.

'Thank you, Dragonfly, for helping my fur grow back,' Magali had said.

Her mother, father, aunt, and uncle had watched her pick up the dragonfly's left wing, rip it off and put it on her tongue. The wing disintegrated on her wet tongue, and Magali swallowed.

'Excellent!' her aunt had clapped her paws. 'Your fur will start growing back.'

La tante dit :

— Va chercher les libellules, Magali. Dépêche-toi.

Magali avait couru jusqu'à l'étagère du haut dans la cuisine et avait ramené le bol de libellules. Sa tante lui avait demandé de dire une prière.

— Dis-la, dit Princesse.

— Dis-la, dit sa mère.

— Vas-y, dis-la, dit son oncle.

— Magali, s'il te plaît, dit son père.

Magali avait penché la tête. En regardant la libellule morte sur la table, elle avait dit :

— Merci, libellule.

— Pour ? dit sa tante.

— Merci, Libellule, pour l'aide avec la repousse de ma fourrure.

Sa maman, son papa, sa tante et son oncle regardaient pendant qu'elle ramassait l'aile gauche de la libellule, l'arrachait et la mettait sur sa langue. L'aile s'était désintégrée sur sa langue, et Magali avala.

Sa tante avait tapé dans ses pattes.

— Excellent ! Ta fourrure va commencer à repousser.

Magali had reached down to pick up the rest of the dragonfly, but her aunt had slapped her paw.

'Can't I eat the rest of it?'

'No!' said Magali's aunt, putting the one-winged dragonfly back in the bowl.

Magali had looked from the cherries to the dragonflies and sighed. 'This isn't fair!'

Magali's father said, 'Life isn't fair. You're allergic, Magali. You must accept that. If you want your fur to grow back, you need to stop eating certain foods.'

Bumping up and down on the chamois, Magali could feel her bald patch rubbing against his back. It was getting hot.

'Keeeeeeeeek kiki kak!' laughed a familiar voice high up in the trees. 'Bald patch on fire! Bald patch on fire! Keeeeeeeeek kiki kak!'

The marmot looked up to the trees. 'Stop saying annoying things! You're not funny!' she shouted into the air. She looked through the trees, but she couldn't see any eyes belonging to the tree-voice. 'Just stop speaking!'

Magali avait tendu le bras pour ramasser le reste de la libellule, mais sa tante lui avait donné un coup de patte.

— Non ! dit la tante en remettant la libellule à une aile dans le bol.

Magali regarda des cerises aux libellules et soupira.

— Ce n'est pas juste !

Son père dit :

— La vie n'est pas juste. Tu es allergique, Magali. Tu dois l'accepter. Si tu veux que ta fourrure repousse, tu dois arrêter de manger certains aliments.

Maintenant, en bougeant de haut en bas sur le chamois, Magali pouvait sentir sa tache chauve frotter contre le dos du chamois. Ça commençait à chauffer.

— Keeeeeeeeek kiki kak ! rit une voix familière dans les arbres. Les fesses en feu ! Les fesses en feu ! Keeeeeeek kiki kak !

La marmotte leva les yeux.

— Arrête de dire des choses agaçantes ! Tu n'es pas drôle ! cria-t-elle dans l'air.

Elle regarda les arbres, mais elle ne put trouver les yeux de la voix. Elle cria :

— Arrête de parler !

Mishka held on to the chamois's fur, trying to distract his thoughts from his sick feeling. He wiped sweat from his brow and took in deep breaths of fresh pine air.

The chamois bounded over tree roots, rocks, dirt, and flowers. Then, they got to a little stream. 'Hold on!' They leaped over the stream.

The marmot and the rabbit lurched forward. 'Woooooooooaaaaaaah!'

The chamois landed on the other side and continued straight up. They were high up the mountain now. The brothers were running straight towards the moon. The trees became fewer and fewer, and the terrain became rockier. The chamois's hooves thundered on the rocks as they climbed. Then, the brothers turned on the turbo charge. *Zoooooooooooooooooooom!* They bolted up the rocky mountain.

Magali and Mishka's bodies jerked back. 'Woooooooooaaaaaaaaaaah!'

Mishka s'accrocha à la fourrure du Chamois Loic, essayant de détourner ses pensées de son malaise. Il essuya la sueur de son front et respira profondément l'air frais des pins.

Les chamois bondirent par-dessus les racines des arbres, des rochers, de la terre et des fleurs. Puis, ils arrivèrent à un petit ruisseau.

— Accrochez-vous !

Ils firent un bond au-dessus l'eau.

La marmotte et le lapin s'élancèrent vers l'avant en s'accrochant.

— Waaaooouuuuuh !

Les chamois atterrirent de l'autre côté et continuèrent à monter tout droit.

Ils étaient bien haut sur la montagne maintenant. Les frères couraient droit vers la lune. Les arbres se faisaient de plus en plus rares et le terrain devenait plus rocailleux. Les sabots du chamois tonnaient sur les rochers alors qu'ils grimpaient. Puis, les frères mirent le turbo. *Zooooooooooooooooooom !* Ils se précipitèrent en haut.

Les corps de la marmotte et le lapin furent secoués vers l'arrière.

— Waaaaaouh !

Mishka held on, squeezing his legs against his chamois, so as not to fall. Magali did the same. Her paws gripped the chamois's neck and her legs squeezed against his body. She saw the top of the rocky cliff get closer and closer. The brothers were still racing at top speed. They weren't slowing down. She closed her eyes and gripped on. She felt the power in the chamois's body as he took a super leap up and onto the top of the rock. 'Wooooooooaaaaah!' She lost her grip and flew into the air, spinning around like a basketball. *Thump!* She landed on the narrow stretch of rock. *Thump!* Mishka landed right next to her.

'Ouch! Ouch! Yowch!' Magali rubbed her bottom.

'Ay yay yay!' Mishka rubbed his shoulder. He looked up to the chamois. 'Why?!'

Chamois Luc and Chamois Loic dug their hooves in, braking. 'Apologies, little friends.'

Magali stumbled to her feet, rubbing her head.

Mishka se tenait, serrant ses jambes contre le chamois, pour ne pas tomber. Magali fit de même. Ses pattes s'agrippèrent au cou du chamois et ses jambes se serrèrent contre son corps. Elle vit le sommet de la falaise se rapprocher de plus en plus. Les frères couraient toujours à toute vitesse. Ils ne ralentissaient pas. La petite marmotte ferma les yeux et s'accrocha. Elle sentit la puissance dans le corps du chamois alors qu'il faisait un super saut vers le haut et sur le sommet.

— Waaaaaoouuh !

Elle perdit son emprise et s'envola dans les airs, tournant sur elle-même comme un ballon de basket. *Paf !* Elle atterrit sur une étroite bande de rocher. *Vlan !* Mishka atterrit juste à côté d'elle.

Magali se frotta les fesses.

— Aïe ! Aïe ! Aïe !

Mishka se massa l'épaule. Il leva les yeux vers le chamois.

— Aïe ! Oh la la ! Mais, pourquoi ?

Chamois Luc et Chamois Loic enfoncèrent leurs sabots, freinant.

— Désolé, mes chers compatriotes.

Magali trébucha, se frottant la tête.

'That was too much!'

'Pardon.' The brothers apologised again, bowing their heads.

Magali looked over the side of the rock and backed up. 'Ooooooh! It's a loooooooooooooooooooong way down!' She turned around on the narrow stretch of rock, then looked down on the other side. 'Wow! Still a loooooooooooooooooong way down!' She put her paw to her head. She started to sway.

Mishka pulled her away from the ledge. 'Don't look down. Don't look down.' Beads of sweat dripped down his face.

Magali said, 'Where are we?'

The rabbit wiped his sweaty brow. 'On top of the world.'

'Keeeeeeeeeek kiki kak!' laughed a voice way over in the distance. 'Stuck on a rock! Stuck on a rock! Keeeeeeeeeek kiki kak!'

— Oh, c'était trop !

Les frères se sont encore excusés en baissant la tête.

— Pardon.

Magali jeta un coup d'œil sur le côté du rocher et recula.

— Ooooooh ! C'est une looooooooooooooongue descente !

Elle se retourna sur l'étroite portion de rocher, et puis regarda de l'autre côté.

Toujours un loooooooooooooooooong chemin vers le bas ! Elle mit sa patte sur sa tête et commença à se balancer.

Mishka l'éloigna du rebord.

— Ne regarde pas en bas. Ne regarde pas en bas.

Des perles de sueur coulaient sur son visage.

— Où sommes-nous ? demanda la marmotte.

Le lapin essuya son front en sueur.

— Au sommet du monde.

Une voix au loin rit :

— Keeeeeeeek kiki kak ! Coincés sur un rocher ! Coincés sur un rocher ! Keeeeeeeek kiki kak !

Chapter 10
Airborne

Glurggg, quirrrrrrrrrcccc, crrrrrrppppl, swwwwooooooot, kliiiiikllllloooook.

Mishka's stomach gurgled like crazy. It was doing some serious somersaults.

Wrrrrrr, glug glug glug, wrrrrrrr, pop pop pop.

Magali stared at Mishka. Sweat poured from his forehead.

'I don't feel so good,' the rabbit said. His stomach did it again.

Zoing, zoing, zoing, wrrrrrrr, gog gog gog, qing qing qing qing qing qing.

'You don't sound so good,' said the chamois.

Chapitre 10
Dans Les Airs

Glurggg, quirrrrrrrrrcccc, crrrrrrppppl, swwwwoooooot, kliiiiiklllllooooook.

L'estomac de Mishka gargouillait comme jamais. Il faisait de sérieux sauts périlleux.

Wrrrrrr, glug glug glug, wrrrrrrr, pop pop pop.

Magali fixa son ami. De la sueur coulait de son front.

— Je ne me sens pas très bien, dit le lapin.

Son estomac recommença à se plaindre.

Zoing, zoing, zoing, wrrrrrrr, gog gog gog, qing qing qing qing qing qing.

— Tu n'as pas l'air bien, dit le chamois.

Mishka started swaying back and forth.

Magali's eyes bulged when she saw how close he was to the edge. 'Sit down!'

Mishka kept swaying back and forth, with his head drooping.

'Move away from the edge, Mishka!' She looked at his feet. His toes were sticking out over the edge.

The rabbit raised his arms out as he rocked back and forth. He shouted to the stars, 'I'm King of The World!' and he rocked so far forward that he fell off the side.

The chamois brothers and Magali screamed. 'Noooooooooooooooooooooooooooo!'

Tears burst out of Magali's black eyes. She looked across at the chamois brothers. Their mouths had dropped wide open. Five long seconds of silence passed as the marmot and the chamois stared at each other. Then, they heard a whistle from below. Their ears pricked up. They turned their heads.

A second whistle came.

Whooooooooooooooooooiiiiiit!

Mishka se balançait d'avant en arrière.

Les yeux de Magali s'écarquillèrent quand elle vit à quel point il était proche du bord.

— Attention ! Assieds-toi !

Mishka continua à se balancer d'avant en arrière, la tête baissée.

La marmotte regarda les pieds du lapin. Ses orteils dépassaient du bord.

— Éloigne-toi du bord, Mishka !

Le lapin leva les bras, se balançant d'avant en arrière. Il cria aux étoiles "Je suis le roi du monde !" et il bascula tellement vers l'avant qu'il ne tombât du flanc de la montagne.

Les frères chamois et la marmotte crièrent :

— Noooooooooooooooooooooooooon !

Magali éclata en sanglots. Elle se tourna vers les frères chamois. Leurs bouches étaient grandes ouvertes. Cinq longues secondes de silence passèrent alors que la marmotte et le chamois se fixaient l'un l'autre. Puis, ils entendirent un sifflement venant d'en bas. Leurs oreilles se dressèrent. Ils tournèrent la tête.

Un deuxième sifflement arriva.

— *Pfuuiiiiiiiiiiiiiiit !*

Two powerful brown eagles rose up from below, appearing in front of the shocked marmot and chamois on the rock. Their enormous wings spread out incredibly wide as they flapped and hovered in the sky. Their sharp yellow talons clutched onto corners of a forest mat made of twine, bark, and twigs. They stretched the forest mat out between them, and on it, sat Mishka.

The sweating rabbit looked over to Magali and the twins. 'What happened?' he yelled from the air.

'Evening, Chamois Luc!' Medical Ed The Eagle smiled down to his friend.

Chamois Luc breathed an enormous sigh of relief. He said, 'Thank you, Friend! We thought he'd jumped to his death!'

Medical Ed The Eagle said, 'We caught him in time.'

Chamois Luc said, 'He's acting strangely! Something's off.'

'Probably something he's eaten,' said the medical eagle, flapping his wings slowly.

'He didn't eat anything.'

D'en bas, deux puissants aigles bruns surgirent, apparaissant devant la marmotte et les chamois. Leurs ailes énormes se déployaient alors qu'ils planaient dans les airs. Leurs serres jaunes et acérées s'agrippaient aux coins d'un tapis forestier fait de ficelle, d'écorce et de brindilles. Ils étendirent le tapis, et sur celui-ci, était Mishka.

Le lapin en sueur regarda Magali et les jumeaux.

— Que s'est-il passé ? cria-t-il.

Médecin Ed L'Aigle sourit à son ami.

— Bonsoir, Chamois Luc !

Chamois Luc poussa un énorme soupir de soulagement. Il dit :

— Merci, mon cher ami ! Nous pensions qu'il avait sauté vers la mort !

Médecin Ed L'Aigle dit :

— Nous l'avons attrapé à temps.

Chamois Luc dit :

— Il est un peu bizarre ! Quelque chose ne va pas.

— Probablement quelque chose qu'il a mangé, dit l'aigle médecin en battant lentement des ailes.

— Il n'a rien mangé du tout.

'Hello! I'm right here!' yelled Mishka, from his mat. 'Stop talking about me as if I wasn't here! And I feel better all of a sudden.' He wiped his forehead and took deep breaths of cold night air. He looked over to Magali and the twins. 'Sorry! I don't know what happened!'

'You said you were King Of The World! You scared us!' Tears streamed down Magali's cheeks.

Mishka looked down to avoid seeing her cry. The chamois brothers looked down too.

Medical Ed The Eagle called out to the marmot. 'Get on, Magali. We'll take you home.'

Magali turned to the chamois brothers. 'Are you going to be okay?' she said.

'Yes. You go.'

'He knew who was who,' said Magali.

'Who knew who was who?' said Chamois Luc.

'Medical Ed The Eagle knew you were you, and not your brother.' The marmot tugged at her friend's left horn as she kissed him goodbye.

— Eh oh ! Je suis là ! cria Mishka, assis sur son tapis. Arrêtez de parler de moi comme si je n'étais pas là ! Et je me sens mieux tout d'un coup.

Il s'essuya le front et respira profondément l'air froid de la nuit. Il regarda Magali et les jumeaux.

— Je suis désolé. Je ne sais pas ce qui s'est passé.

— Tu as dit que tu étais le roi du monde ! Tu nous as fait peur !

Des larmes coulaient sur les joues de Magali.

Mishka baissa les yeux pour ne pas la voir pleurer. Les frères chamois baissèrent aussi les yeux.

Médecin Ed L'Aigle appela la marmotte :

— Monte, Magali. On te ramène à la maison.

Magali se tourna vers les frères chamois.

— Ça va aller ?

— Oui, vas-y.

— Il savait qui était qui, dit la petite marmotte.

— Qui savait qui était qui ? dit Chamois Luc.

— Médecin Ed L'Aigle savait que tu étais toi, et pas ton frère.

La marmotte tira sur la corne gauche de son ami en

'That's because he's Medical Ed The Eagle! He's special! If anyone knows that, it's him,' grinned Chamois Luc. 'Go, Mademoiselle. They're waiting for you.'

Magali wiped her tears, ran to give Chamois Loic two kisses goodbye, then walked to the edge of the cliff. She looked back one last time to the chamois. 'Thank you for tonight! Congratulations on your win! It was really incredible! *You* are really incredible!' She turned back to the hovering eagles and the forest mat.

'Jump, Magali!' Mishka called.

'Jump!' said the chamois.

Magali bit her bottom lip. There was a small gap between the rock and the mat. She bit down extra hard on her lip. She took a deep breath, closed her eyes, then jumped. *Plonk!* She landed and crawled over to Mishka, hugging him tightly. She started crying again. 'I was so scared, Mishka!'

l'embrassant pour lui dire au revoir.

— C'est parce que c'est Médecin Ed l'Aigle ! Il est exceptionnel ! Si quelqu'un le sait, c'est bien lui, dit Chamois Luc en souriant. Vas-y, Mademoiselle. Ils t'attendent.

Magali essuya ses larmes et courut pour donner deux bises d'adieu à Chamois Loic. Puis, elle se dirigea vers le bord de la falaise. Elle se retourna une dernière fois vers les chamois et dit :

— Merci pour cette soirée ! Félicitations pour votre victoire ! C'était vraiment incroyable ! *Vous* êtes vraiment incroyables !

Elle se tourna à nouveau vers les aigles en vol stationnaire avec leur tapis forestier.

Mishka cria :

— Saute, Magali !

— Saute ! dirent les chamois.

Magali se mordit la lèvre inférieure. Il y avait un petit espace entre le rocher et le tapis. Elle mordit très fort sa lèvre. Elle prit une grande inspiration, ferma les yeux et sauta. *Splaf !* Elle atterrit et rampa jusqu'à Mishka, le serrant très fort dans ses bras. Elle se remit à pleurer.

— J'avais si peur, Mishka !

'I don't know what happened! I don't know why I acted like that!'

'Medical Ed said it was something you ate.'

'I didn't eat anything!'

'Yes, you did. At the forest parade when the animals threw the decorations.'

Medical Ed The Eagle called down to Chamois Luc as he turned to leave. 'See you on the Winter Rescue Team!'

Chamois Luc nodded. 'We make a good team, My Friend!'

Chamois Loic called out to the marmot and rabbit. 'Goodbye!'

Magali and Mishka waved as the eagles carried them away from the rock. Magali kept waving until the chamois became so small that she couldn't see them anymore. Then, she sat back on the forest mat and inhaled the fresh pine air.

They flew in between a cloud. Magali reached up, trying to grab a pawful of cloud.

— Je ne sais pas ce qui s'est passé ! Je ne sais pas pourquoi j'ai agi comme ça !

— Le médecin a dit que c'était quelque chose que tu avais mangé.

— Je n'ai rien mangé !

— Si, tu l'as fait. Dans la forêt, quand les animaux ont jeté les décorations.

Médecin Ed L'Aigle cria à Chamois Luc alors qu'il se retournait pour partir :

— On se voit en hiver, avec l'équipe de secours !

Le chamois hocha la tête.

— Nous formons une bonne équipe, mon cher compatriote !

Chamois Loic appela après la marmotte et le lapin :

— Au revoir !

Magali et Mishka saluaient pendant que les aigles les emportaient loin du rocher. Magali continua à faire des signes jusqu'à ce que les chamois deviennent si petits qu'elle ne put plus les voir. Puis, elle se rassit sur le tapis forestier et respira l'air frais des pins.

Ils volèrent dans un nuage. La petite marmotte tendit le bras, essayant d'attraper un morceau de nuage. Elle essaya d'agripper, mais ils volèrent à

She clawed at the cloud, but they flew through it and back into the clear sky. Stars twinkled not too far above.

Magali looked up to Medical Ed The Eagle. She called up to him, 'How did you know Mishka needed help?'

'We got a tip-off!' Medical Ed The Eagle said.

The two eagles leaned to the right and the forest mat tipped. The marmot and the rabbit looked into the treetops. Sitting on the very top branch was a young owl with one brown-feathered ear and one yellow-feathered one. He laughed and waved up to them. 'Keeeeeeeeek kiki kak! Keeeeeeeeek kiki kak!'

Mishka bowed towards the owl. 'Thank you so so so so so so so so so much! Thank you from me, and Grandpa Klaas!' The rabbit blew kisses across the air for the owl.

Magali waved and called down too. 'Thank you so much! You're so annoying, but you saved us! Thank you!'

travers lui et se retrouvèrent dans le ciel clair à nouveau. Les étoiles scintillaient, pas très loin au-dessus.

Magali leva les yeux vers Médecin Ed L'Aigle. Elle lui demanda :

— Comment saviez-vous que Mishka avait besoin d'aide ?

— On a eu un tuyau ! dit l'aigle.

Les deux aigles se penchèrent vers la droite et le tapis forestier bascula un peu. La marmotte et le lapin regardèrent la cime des arbres. Assis sur la toute dernière branche, il y avait un jeune hibou avec une oreille à plumes brunes et une autre à plumes jaunes. Il rit et leur fit signe.

— Keeeeeeeek kiki kak ! Keeeeeeeek kiki kak !

Mishka s'inclina devant le hibou.

— Merci beaucoup, beaucoup, beaucoup, beaucoup, beaucoup, beaucoup ! Merci de ma part et de celle de Grand-père Klaas !

Le lapin souffla des bises dans l'air vers le hibou.

Magali salua aussi.

— Merci beaucoup ! Tu es si ennuyeux, mais tu nous as sauvés ! Merci !

Next to brown ear yellow ear owl, sat his brothers. The cheeky young owls waved and laughed, too.

'Klaa klaa klaaaaaah! Klaa klaa klaaaaaah!'

'Yip. Yip. Yiiiiiiiiip!'

'Tcha-cha-cha-cha!'

'Brrrrr ruppp ruup rupp!'

'Hee hee hee. Ha ha ha!'

Magali shook her head, looking at the row of brothers. She blew kisses to them all. 'Thank you, thank you, thank you!'

The eagles lifted the mat away from the treetops and flew towards the mountain slope.

Soon, they were flying past the sugar chairlift, and the mounds with blue and pink flowers.

Magali took in a deep breath and shouted up, 'And thank you too! Very, very, very much!'

Mishka yelled up, 'Double, triple, quadruple, one-hundred-druple times from me! Thank you, Eagles!'

À côté du hibou à l'oreille brune et à l'oreille jaune, étaient assis ses frères. Les jeunes hiboux effrontés saluaient et riaient.

— Klaa klaa klaaaaaah ! Klaa klaa klaaaaaah !

— Yip. Yip. Yiiiiiiiiip !

— Tcha-cha-cha-cha !

— Brrrrr ruppp ruup rupp !

— Hi hi hi. Ahaha !

La marmotte secoua la tête, regardant la rangée des frères. Elle leur envoya des bises.

— Merci, merci, merci !

Les aigles soulevèrent le tapis et s'envolèrent vers le versant de la montagne.

Bientôt, ils passèrent devant le Télésiège Sucre et les collines couvertes de fleurs bleu et rose.

Magali prit une grande inspiration et cria au-dessus :

— Et merci à vous aussi ! Vraiment, vraiment, vraiment beaucoup !

Mishka cria :

— Double, triple, quadruple, cent fois plus de ma part ! Merci, Les Aigles !

Medical Ed The Eagle and his colleague nodded. They spread their wings out wide and started gliding as they neared Magali's burrow.

Mishka looked over the side of the mat. 'Uh-oh.'

'What?' Magali rushed to look over the side. 'Oh no!'

On the ground, outside Magali's burrow, her mother, father, aunt, and uncle stood by the front door. They were pointing up at the descending eagles.

Magali's mama was the first to scream. 'Aaaaaaaaaaaaaaaaaaaaargh!' She fainted to the ground.

Her aunt screamed next. 'Aaaaaaaaaaaaaaaaaaaargh!' She fainted, too.

Her uncle was next. 'Aaaaaaaaaaaaaaaaaaaargh!' He fainted.

Médecin Ed L'Aigle et son collègue acquiescèrent. Ils déployèrent leurs ailes et commencèrent à planer en se rapprochant du terrier de la marmotte.

Mishka regarda par-dessus le tapis.

— Oh non.

— Quoi ?

Magali se précipita pour regarder.

— Oh non !

En bas, à l'extérieur du terrier de Magali, sa mère, son père, sa tante et son oncle se tenaient près de la porte d'entrée. Ils montraient du doigt les aigles qui descendaient.

La maman de Magali fut la première à crier.

— Aaaaaaaaaaaaaaaaaaaaaaaah !

Elle s'évanouit, tombant par terre.

Sa tante cria ensuite.

— Aaaaaaaaaaaaaaaaaaaaaaaaah !

Elle s'évanouit aussi.

Son oncle était le suivant.

— Aaaaaaaaaaaaaaaaaaaaaaah !

Il s'évanouit.

Her papa screamed and fainted at the same time. 'Aaaaaaaaaaaaaaaaaaaaargh!'

Magali shrunk back on the forest mat, staring up at the moon with worried eyes.

'How are you going to explain this?' Mishka's eyebrows raised up really high. 'You're going to be grounded for life. I told you that you should have told them!'

'They would never have let me go out!'

'You don't know that! You didn't even try!'

'They're not like your mama! They're too strict!'

'Well, you'll never know now. It's too late. They've found out. You'll be grounded!'

'Maybe forever.'

'And ever.'

Magali glanced over the side of the mat again. Four marmots lay on the ground. She rubbed the bald patch on her bottom. 'I'm not going to sneak out anymore,' said Magali, rubbing the bald patch on her bottom.

'They're going to ground you, anyway.'

Son papa cria et s'évanouit à la fois.

— Aaaaaaaaaaaaaaaaaaaaaaaaaah !

Magali essaya de se faire toute petite sur le tapis forestier, fixant la lune d'un regard inquiet.

Les sourcils de Mishka se levèrent très haut.

— Qu'est-ce que tu vas leur dire pour expliquer ça ? Je t'ai dit que tu aurais dû le leur dire !

— Ils ne m'auraient jamais laissé sortir !

— Tu n'en sais rien ! Tu n'as même pas essayé !

— Ils ne sont pas comme ta mère ! Ils sont trop stricts !

— Eh bien, tu ne le sauras jamais maintenant. C'est trop tard. Ils l'ont découvert. Tu seras punie !

— Peut-être pour toujours.

— Pour l'éternité.

Magali jeta à nouveau un coup d'œil par-dessus le bord du tapis. Quatre marmottes gisaient sur le sol. La jeune marmotte frotta la tache chauve de ses fesses.

— Je ne vais plus sortir en cachette, dit-elle en frottant ses fesses.

— Ils vont te punir, de toute façon.

'Maybe not.'

'Maybe yes.'

'I'll explain everything.'

'And say what?'

'I'll tell them about the cute puppies, the hedgehog tower, the amazing ibex and chamois, the Conga Line... ' Magali's eyes sparkled with the memories and her smile grew so wide that her two long top teeth appeared.

She took a happy breath and rubbed her heart. 'It was so much fun tonight, Mishka!'

'Yes! Until I nearly died.'

'Which time?'

The rabbit burst out laughing. 'Ha ha ha!' His little pink nose crinkled up.

Magali's black eyes glistened under the twinkling stars. 'Ha ha ha!'

Sitting up straight on her forest mat as the eagles descended, Magali looked one last time across the mountain.

— Peut-être pas.

— Peut-être que oui.

— Je vais tout expliquer.

— Et dire quoi ?

— Je leur parlerai des chiots mignons, de la tour des hérissons, des incroyables bouquetins et chamois, de la ligne Conga...

Les yeux de la marmotte pétillaient de souvenirs et son sourire devint si large que ses deux longues dents du haut apparurent.

Elle prit une inspiration et se tapa le cœur. En souriant, elle dit :

— On s'est tellement amusé ce soir, Mishka !

— Oui ! Jusqu'à ce que je sois presque mort.

— Quelle fois ?

Le lapin éclata de rire. Son petit nez rose se plissa.

Les yeux noirs de Magali brillaient sous les étoiles scintillantes.

— Aha ha ha !

Assise bien droite sur son tapis forestier alors que les aigles descendaient, Magali regarda une dernière fois la montagne. Elle étira ses bras et fit un signe de

She swung her arms and waved. *'Bueni Seeyeera, Italia!'* She blew a big fat kiss. *Mmmwua!* 'Goodbye, Rock Climbing! Later, Dude!'

THE END

la patte.

— *Bueni Seeyeera, Italia !*

Elle envoya un gros bisou. *Smack !*

— Au revoir, l'Escalade ! À plus, les gars !

FIN

Hello!

I hope you liked the book and the illustrations. I drew the illustrations myself, and you can too! Check out these helpful sites:

J'espère que tu as aimé l'histoire et les illustrations. J'ai dessiné les illustrations, et tu pourrais aussi ! Ici quelques sites pratiques (comment dessiner) :

Articco Drawing, Draw so Cute, Genevieve's Design Studio, 365 Sketches, Drawing Tutorials 101, Calvin Innes, Easy Pictures To Draw, Art For Kids Club, 5 Drawing Art, HT Draw, Drawing Tutorials 101, Harriet Muller, Color Drawing Book, PiKasso Draw, How To Draw, KidArtX, Limo Sketch, How To..., Channel, GuuhMult, Art For Kids Hub, Yo Kidz, We Draw Animals, DrawStuffRealEasy, DrawIn Geek, Azz Easy Drawing, Cam Plapp, howtodrawa, how2drawanimals, Sherry Drawings, Attraction Art Sport – Draw Easy Katrina Doodles, Happy Drawings.

Here we are, at the end. If you fancy leaving a review, that would be super cool (authors lurve reviews!). Cheers big ears!

Finalement, si tu as aimé le livre, peut-être tu pourrais laisser un avis sur le site d'achat ? (Ça m'aide avec ma carrière d'écrivaine.) Merci !

Muddy

Facebook/website: Muddy Frank Books

French Marmot Dude Series (English version)
Dude's Gotta Snowboard
Dude's Gotta River Raft
Dude's Gotta Mountain Bike
Dude's Gotta Paraglide
Dude's Gotta Bobsleigh
Dude's Gotta Rock Climb
Dude's Gotta Paintball
Dude's Gotta Wakeboard

Magali Marmotte Série (version française)
Help ! Suis Accro Au Snow
Help ! Suis Accro Au Raft
Help ! Suis Accro Au VTT
Help ! Suis Accro Au Parapente
Help ! Suis Accro Au Bobsleigh
Help ! Suis Accro À L'Escalade
Help ! Suis Accro Au Paintball
Help ! Suis Accro Au Wakeboard

***Magali Marmotte Série Version Bilingue
(English français)***

***French Marmot Dude Series Version Bilingue
(English español)***

***Also, in the same series, the Magali Marmot
<u>colouring books for kids aged 4-8 years</u>!***

***Dans la même série, les Magali Marmotte
<u>livres de coloriage pour les enfants de 4 à 8 ans</u> !***

Printed in France by Amazon
Brétigny-sur-Orge, FR

15300511R00176